100 Dinge,
die jeder
Golfer
wissen muss

COPRESS

Umschlaggestaltung: Copress Verlag

Wir produzieren unsere Bücher mit großer Sorgfalt und
Genauigkeit. Trotzdem lässt es sich nicht ausschließen, dass
uns in Ausnahmefällen Fehler passieren.
Unter www.stiebner.com/errata/1244-1.htlm finden Sie eventuelle Hinweise und Korrekturen zu diesem Titel. Möglicherweise sind die Korrekturen in Ihrer Ausgabe bereits ausgeführt,
da wir vor jeder neuen Auflage bekannte Fehler korrigieren.
Sollten Sie in diesem Buch einen Fehler finden, so bitten wir
um einen Hinweis an verlag@stiebner.com.
Für solche Hinweise sind wir sehr dankbar, denn sie helfen
uns, unsere Bücher zu verbessern.

Die Deutsche Nationalbibliothek verzeichnet diese
Publikation in der Deutschen Nationalbibliografie;
detaillierte bibliografische Daten sind im Internet über
http://dnb.dnb.de abrufbar.

3., durchgesehene Auflage 2023

© 2019, 2021, 2023 Copress Verlag in der
Stiebner Verlag GmbH, München
Alle Rechte vorbehalten.
Wiedergabe, auch auszugsweise, nur mit ausdrücklicher
Genehmigung des Verlags.

Gesamtherstellung: Stiebner, München
Druck: GGP Media GmbH, Pößneck
ISBN 978-3-7679-1244-1

www.copress.de

Dieser Titel ist auch als E-Book erhältlich
(ISBN 978-3-7679-2084-2)

Inhaltsverzeichnis

	Vorwort – Das Leben im Quadrat	9
001	Wissen Sie wirklich, was ein Par und ein Birdie ist?	11
002	Sollen Golfer beim Golfen denken?	12
003	Dürfen Ladies in High Heels Golf spielen?	14
004	Wie gewinne ich garantiert ein Golfturnier?	15
005	Macht Golfspielen wirklich süchtig?	17
006	Ist es ratsam, mit Partner oder Partnerin zu spielen?	19
007	Darf ich beim Golfen betrügen?	20
008	Wie gut muss ich die Golfregeln kennen?	22
009	Welches sind die besten Golf-Ausreden?	23
010	Warum macht Golf dermaßen hungrig?	25
011	Ist Golf ein Sport?	26
012	Wie häufig braucht ein Golfer neue Schläger?	28
013	Warum ist Golf doch anders als Sex?	30
014	Wann und wie verliere ich absichtlich?	31
015	Was ist wichtiger, Richtung oder Länge?	33
016	Darf ich mich auf dem Golfplatz betrinken?	35
017	Wer ist der beste Golf-Philosoph?	36
018	Hilft Beten auf dem Golfplatz?	38
019	Wie jubelt man richtig?	39
020	Darf ein Mann zitronengrüne Hosen tragen?	40
021	Welches ist der wichtigste Schlag im Golf?	41
022	Wie bewegt man sich in diesen Luxus-Klubs?	43
023	Wie abgeklärt sollen Golfer sein?	44
024	Warum ist die Platzreife ein Quatsch?	46
025	Wie viele Probeschwünge sind ideal?	47
026	Ist eine Klubmitgliedschaft sinnvoll?	49
027	Wie wichtig ist das Handicap?	51
028	Braucht es im Golf mentale Stärke?	53
029	Sind Golfer Masochisten?	54
030	Warum heißt der Mulligan Mulligan?	55
031	Wie viele Golfrunden pro Jahr soll ich spielen?	56
032	Was ist ein Condor?	58
033	Dürfen reifere Damen pinkfarbene Minis tragen?	59

034	Wie finde ich meinen Ball?	60
035	Gilt politische Korrektheit auch auf dem Golfplatz?	62
036	Darf man das Poloshirt über dem Gürtel tragen?	63
037	Welche Art von Spiel macht Golf kaputt?	65
038	Wer ist der Schutzpatron der Golfer?	66
039	Warum gilt Golf als snobistisch?	68
040	Wer hat Golf erfunden?	69
041	Sollen wir gute Schläge von Mitspielern loben?	71
042	Was ist die Höchststrafe für einen Golfer?	72
043	Soll ich vor der Runde auf die Driving Range?	73
044	Sollen wir die da hinten durchspielen lassen?	75
045	Welche Prophezeiung wird im Golf immer wahr?	76
046	Warum sind Golfwitze oft so anzüglich?	77
047	Wann schenke ich einen Putt?	79
048	Passt Rauchen auf dem Golfplatz dazu?	80
049	Was tue ich, wenn ich einen Betrüger ertappe?	82
050	Welches ist der peinlichste Schlag im Golf?	84
051	Wie wichtig ist Golf als Wirtschaftsfaktor?	85
052	Ist Golf cool?	87
053	Soll man um Geld spielen?	88
054	Wie lange nach der Golfrunde darf ich darüber reden?	89
055	Was sind Golffreundschaften wert?	91
056	Wer hat den besten Schwung aller Zeiten?	92
057	Wie viele Schläger braucht es in der Tasche?	93
058	Gehören wir Golfer zur Elite?	95
059	Wann spiele ich einen Sicherheitsschlag?	96
060	Warum sind Golfer so großzügig?	98
061	Warum spielen wir das letzte Loch meistens so gut?	99
062	Wie verschwindet der Slice?	101
063	Warum ist Tiger Woods so populär geworden?	103
064	Welches ist das schwierigste Loch der Welt?	105
065	Wie schnell fliegt ein Golfball?	106
066	Was tun Sie, wenn Bomben auf den Platz fallen?	107
067	Weshalb kommentieren Golfer nur missglückte Schläge?	109
068	Wieso unterschätzen so viele Golfer sich?	110
069	Spielen wir heute sympathisch oder parasympathisch?	112

070 Bleibt beim Putten die Fahne besser drin? 114
071 Welches ist das schönste Gefühl beim Golfen? 115
072 Welches ist das blödeste Resultat an einem Loch? 117
073 Weshalb darf man nie auf die Fahne zielen? 119
074 Soll ich meine Golfpartner duzen? 120
075 Wieviel Risiko nehmen wir beim Schlag? 121
076 Was liegt wohl hinter dem Loch? 123
077 Warum sind Golfer so abergläubisch? 124
078 Was kostet Golf wirklich pro Jahr? 126
079 Dürfen Sozialisten Golf spielen? 127
080 Welcher ist der beste Golfplatz der Welt? 129
081 Welches ist das meistverkaufte Golf-Gerät? 130
082 Spielen echte Golfer im Regen? 132
083 Wie viele Turniere im Jahr sind normal? 133
084 Wie lange können wir uns konzentrieren? 134
085 Wieso braucht es Caddies? 136
086 Wie nützlich sind Golfbücher? 137
087 Wer ist die beste Golferin aller Zeiten? 139
088 Wer ist der beste Golfer aller Zeiten? 140
089 Wer ist der schlechteste Golfer aller Zeiten? 141
090 In welchem Alter soll man mit Golf anfangen? 143
091 Darf ich husten, wenn einer oder eine schlägt? 144
092 Welcher Golfball ist der richtige? 146
093 Wie sterben Golfer, wenn überhaupt? 148
094 Nützen Golflehrer etwas? 149
095 Wie macht man Geschäfte auf dem Golfplatz? 151
096 Wie emanzipiert ist Golf? 152
097 Wer erfand Golf als Profisport? 154
098 Was ist die wichtigste Eigenschaft eines Golfers? 155
099 Was lernen wir bei einem Profi-Turnier? 156
100 Warum lieben Golfer dermaßen das Risiko? 158

Vorwort –
Das Leben im Quadrat

Sport oder Spaß. Es gibt auf dem Golfplatz zwei unterschiedliche Sichtweisen.

Die erste Sichtweise lautet: Wenn ich nicht gut spiele, dann habe ich keinen Spaß.

Die zweite Sichtweise lautet: Wenn ich keinen Spaß habe, dann spiele ich nicht gut.

Ich bin ein Anhänger des zweiten, des spaßigen Konzepts. Ich glaube, wir Golfer spielen gut, wenn wir fröhlich, glücklich und ausgelassen sind. Im Zustand der Heiterkeit gelingen uns die guten Schläge.

Dann gibt es das andere, das sportliche Konzept. Hier gelingen uns die guten Schläge, wenn wir die Drehdynamik vom oberen Totpunkt translativ-rotativ auf den beiden Schwungebenen zum Fixpunkt hin beschleunigen

So oder ähnlich steht es in Tausenden von Golfbüchern.

Das vorliegende Golfbuch hat leider keine Ahnung, was ein oberer Totpunkt genau ist. Dieses Golfbuch kümmert sich um den Spaß.

Damit können wir uns den wesentlichen Fragen dieses Spiels zuwenden: Dürfen Damen in High Heels spielen? Wann sind wir Golfer glücklich? Ist Golf für Jugendliche unter 60 Jahren geeignet? Was ist das beste Gefühl im Golf? Wie betrügen wir korrekt? Hat Golf doch nichts mit Sex zu tun? Was sind die idealen Ausreden auf dem Platz? Passt besser limettengrün oder pink? Dürfen wir uns auf dem Golfplatz betrinken? Helfen Gebete auf dem Grün?

Es gibt 100 offene Fragen zu Golf. Es gibt damit 100 Dinge, die jeder Golfer wissen muss.

Um zu wissen, welche 100 Dinge ein Golfer wissen muss, habe ich die Golfer gefragt. Viele der 100 Fragen wurden mir von Golffreunden zugetragen. Besonders verdient gemacht haben sich Thomas B., Andreas D., Martin D., Willy G., Susanna F., Peter M., Lubomir M., und Thomas R. Ich danke ihnen sehr, aber weil manche ihrer Fragen etwas gewagt sind, erwähne ich sie zu ihrem Selbstschutz besser nicht mit vollem Namen.

100 Dinge müssen die Golferin und der Golfer wissen. Wenn wir die 100 Dinge in einer einzigen Frage konzentrieren müssten, dann wäre es die einfache Frage: Warum spielen wir Golf?

Wir spielen Golf, weil wir sonst nirgendwo auf der Welt eine derartig dichte Ballung von Erlebnis und Gefühl bekommen. Auf dem Golfplatz jagen sich andauernd Triumph und Elend, Glück und Pech, Zufall und Planung, Erwartung und Enttäuschung, Erfolg und Versagen.

Golf ist damit wie das richtige Leben. Nein, es ist eine Stufe mehr. Golf ist das Leben im Quadrat.

001 Wissen Sie wirklich, was ein Par und ein Birdie ist?

Bevor wir mit diesem Buch beginnen, braucht es eine kurze theoretische Einführung. Ich stelle Ihnen darum die wichtigsten Ausdrücke vor, die Sie im Golfsport kennen müssen.

Beginnen wird mit einem einfachen Ausdruck. Was ist ein Par?

Beliebt ist etwa diese Definition: „Ein Par ist es dann, wenn ein Golfer auf einer Runde nur ganz wenige gute Schläge spielt, ihm diese Schläge aber zufällig am gleichen Loch gelingen."

Das ist noch nett formuliert. Es gibt auch etwas bösartigere Definitionen, wie etwa diese: „Par ist ein anderer Ausdruck für Alzheimer."

Es gehört zu den fröhlichen Seiten des Golfspiels, dass es für die meisten Fachausdrücke eine offizielle und eine inoffizielle Erläuterung gib. Natürlich interessieren uns die inoffiziellen Definitionen mehr.

Hier zwanzig Beispiele, an die ich mich aus meinem Golferleben erinnere:

Handicap: Ein Ausgleich von Schlägen, der es zwei unterschiedlich guten Golfern erlaubt, den Platz gleich schlecht zu spielen.

Par: Das Resultat eines Golfers mit durchschnittlichem Können und unterdurchschnittlicher Ehrlichkeit.

Double Bogey: Das Resultat eines Golfers mit durchschnittlichem Können und überdurchschnittlicher Ehrlichkeit.

Birdie: Die Kombination aus einem Mulligan und einem geschenkten Putt.

Luftschlag: Anderes Wort für Probeschlag.

Single-Handicapper: Golfer mit einem enorm guten Schwung oder einem enorm schlechten Erinnerungsvermögen.

Chip: Ein kurzer Annäherungsschlag, der den Spieler in die Ausgangsposition für vier Putts bringt.

Ehre: Das Privileg, am Abschlag als Erster ausgelacht zu werden.

Golfschlag: Eine Körperbewegung, die einen Ball links, rechts, vor oder hinter das anvisierte Ziel befördert.

All square: Ein Spielstand, bei dem zwei Spieler bei der gleichen Anzahl von Löchern betrogen haben.

Approach: Ein Schlag zum Grün, der im Bunker gelandet wäre, wenn er nicht vorher ins Wasser geflogen wäre.

Nachladen: Ausdruck für einen zweiten Spielball. Noch häufiger verwendet, wenn der Bier-Wagen anrollt.

Hole-in-one: Ein Schlag, der direkt ins Loch rollt, praktiziert von Spielern, die alleine spielen.

Geschenkt: Ein todsicher verwandelter Putt vom Rande des Greens.

Toppen: Ein Anfängerfehler, der mit wachsender Erfahrung rasch durch den Slice, den Socket und den Hook ersetzt wird.

Marker: Eine Münze oder ein anderes rundes Objekt, das auf dem Grün etwa in der Mitte zwischen dem Ball und dem Loch platziert wird.

Holz: Dort wo der Ball landet.

Einer-Putt: Das Einlochen auf dem Grün mit einem einzigen Putt, nachdem das Grün mit 12 Schlägen erreicht worden ist.

Driving Range: Eine Lokalität, wo Golfspieler einen wüsten Slice in einen üblen Hook verwandeln.

Scorekarte: Ein Abschlusspapier, das nach harten, mehrstündigen Verhandlungen entstanden ist.

So, damit wäre der theoretische Teil überstanden und wir können uns den praktischen Fragen von Platz und Klubhaus zuwenden.

002 Sollen Golfer beim Golfen denken?

Golf, wem sage ich das, ist ein komplizierter Sport. Es ist auch darum so kompliziert, weil wir Golfer ihn noch komplizierter machen. Denn wir glauben, Golf sei ein Denksport.

Ich habe das kürzlich wieder einmal am eigenen Leib erfahren, als mir die Abschläge einfach nicht gelingen wollten. Alle Bälle zogen wie magnetisch nach links.

Als Golftheoretiker wusste ich natürlich, woran das lag. Ok, sagte ich mir dann, das kommt davon, dass Du die linke Schulter zu wenig eindrehst, dass Du von außen nach innen schwingst, dass Du die Hüfte zu früh bringst und dass Deine Handgelenke zu aktiv sind.

Beim nächsten Abschlag habe ich mich also auf diese vier einfachen Gedanken konzentriert. Ich dachte: Dreh die linke Schulter ein, schwing von innen nach außen, schiebe die Hüfte später an und lass die Handgelenke locker.

Soll ich Ihnen sagen, wo der nächste Abschlag gelandet ist? Ich glaube nicht, dass Sie das wirklich wissen wollen.

Wir kommen damit ins Fachgebiet der Hirnforschung. Kann man an vier Dinge gleichzeitig denken? Kann man vier Dinge gleichzeitig tun?

Nein, kann man nicht, sagt die Neurologie. Wir können maximal zwei Dinge gleichzeitig tun. Aber selbst das geht nur, wenn bloß eine der beiden Tätigkeiten intellektuell anspruchsvoll ist. Die andere Tätigkeit kann nur motorisch sein und daher geistig anspruchslos.

Wir können darum telefonieren und gleichzeitig Auto fahren. Wir kombinieren eine geistige Tätigkeit mit einer einfachen, motorischen Aktivität. Wir können aus demselben Grund auch Radio hören und zugleich den Abwasch erledigen. Das schafft unser Hirn gerade noch.

Aber wir können nicht gleichzeitig telefonieren und einen Brief schreiben. Wir können nicht gleichzeitig eine Rede halten und ein Buch lesen. Zwei geistige Anstrengungen zur gleichen Zeit schafft unser Hirn nicht.

Völlig absurd wäre es darum, sich gar auf vier Dinge zugleich zu konzentrieren. Wir können nicht zugleich telefonieren, einen Brief schreiben, eine Rede halten und ein Buch lesen.

Beim Golf hingegen glauben wir, wir könnten das. Wir konzentrieren uns gleichzeitig darauf, die linke Schulter einzudrehen, von innen nach außen zu schwingen, die Hüfte später zu bringen und die Handgelenke locker zu halten. Es ist dies eine derart hochkomplexe Koordination, dass ein menschliches Gehirn eine solche Fülle von Informationen und Reizen niemals bewältigen kann.

Der Grund liegt darin, dass unser Gehirn nicht parallel, sondern nur seriell arbeitet. Es kann verschiedene Dinge nicht gleichzeitig, sondern nur hintereinander tun.

Für uns Golfer sind das gute Nachrichten, die uns die Neurologie liefert. Wir gehen darum auf den Abschlag und denken maximal an eine einzige Sache. Wir denken beispielsweise nur daran, die Handgelenke locker zu halten oder wir denken nur daran, die Schulter einzudrehen.

Mehr denken wir nicht. Dann hauen wir drauf. Sie werden sehen, es funktioniert.

Noch besser ist nur noch, auf den Abschlag zu gehen und gar nichts zu denken. Sich einfach hinstellen und gedankenlos draufschlagen. Völlig gedankenlos. Sie werden sehen, das klappt wunderbar.

Spielen Sie hirnlos. Ohne Hirn spielen Sie richtig.

003 Dürfen Ladies in High Heels Golf spielen?

Beim US Open für die Ladies gibt es immer eine kleine Eröffnungszeremonie, bei der drei Golf-Ladies einen Abschlag vorführen. 2017 spielten als erste die Profis Cristie Kerr and Paula Craemer. Dann kam die Präsidententochter Ivanka Trump. Sie trug ein Cocktailkleid und High Heels. Sie nahm den Driver und hieb einen gewaltigen Schlag ins Gelände.

Ivanka Trump hatte zuvor schon bei anderen Gelegenheiten in High Heels gespielt. Sie war früher ein Model, das etwa für Versace und Thierry Mugler über den Laufsteg ging. Sie versteht also etwas von Mode und hohen Absätzen.

Dürfen Ladies in High Heels Golf spielen? Was für eine seltsame Frage. Natürlich dürfen sie. Es gibt keine Schuhvorschriften auf dem Platz. Sie dürfen auch mit Gummistiefeln spielen, wenn Sie das mögen. Stöckelschuhe sind nicht verboten.

High Heel darf sich ein Schuh erst nennen, wenn der Bleistiftabsatz mehr als zehn Zentimeter hoch ist. Viele weibliche Berühmtheiten sind ohne ständige Stöckelschuhe gar nicht vorstellbar, etwa Marlene Dietrich und Marilyn Monroe. Marlene Dietrich spielte kein Golf, Marilyn Monroe schon.

High Heels passen im Grunde perfekt auf den Golfplatz. Hier putzen sich viele Ladies ja gewaltig heraus, mit flotten Oberteilen, auffälligen Gürteln und kurzen Röckchen, mal in Pink, mal getigert, mal in Neonfarben.

Dazu tragen sie flache Sportschuhe mit Softspikes.

High Heels würden viel besser passen.

Der Sportartikel-Konzern Puma erkannte dann als Erster die Zeichen der Zeit und nahm einen Stöckelschuh für Golferinnen ins Sortiment. Er ist knallrot, hat eine Plateausohle mit kleinen Noppen und einen Absatz von fast 15 Zentimetern. Das Ding ist wasserdicht und sieht umwerfend aus.

Als erste durfte die 24-jährige Spitzenspielerin Lexi Thompson den Schuh im Ernstfall tragen. Sie ist 1,83 Meter groß und sah mit den zusätzlichen Zentimetern aus, als wäre sie eine Disco-Queen und nicht auf dem Golfgelände.

Und offenbar spielt es sich prächtig auf hohen Absätzen. Lexi Thompson war erstaunt, dass die High Heels „viel mehr Stabilität boten, als ich erwartet hatte". Schönheit, so lernen wir daraus, muss also nicht leiden. Nur im Dauerregen und im Matsch sind die Bleistiftabsätze vielleicht nicht allzu empfehlenswert.

Noch haben die High Heels die Golfplätze nicht erobert. Das ist im Grunde unverständlich. Denn dort, wo es fröhlich und prickelnd zugeht, kreuzen die Girls und Ladies ja sonst immer mit hohen Absätzen auf.

Christian Louboutin, der famose französische Schuhdesigner, der die verrücktesten und höchsten High Heels der Welt herstellt, sagte es einmal so: „High Heels machen eine Frau stärker und mächtiger."

In die Golfersprache übersetzt, heißt das für die Frau: Das tiefe Handicap bekommst Du mit hohen Heels.

004 Wie gewinne ich garantiert ein Golfturnier?

Mein erstes Golfturnier gewann ich in Österreich. Es war im Oktober. Ich kann mich genau erinnern, denn wir erlebten am Turniertag einen frühzeitigen Wintereinbruch. Am Morgen war der Golfplatz weiß überzuckert.

Wir hatten zu warten, bis die Sonne den Platz frei geschmolzen hatte. Meine Startzeit wurde darum vom späten Morgen auf den frühen Nachmittag verschoben.

Wir mussten uns in unserer Gruppe also die Zeit vertreiben. Was taten wir? Wir bestellten im Klubhaus einen Grünen Veltliner. Dann Sandwiches und noch einen Grünen Veltliner. Wir tranken und erzählten uns die üblichen Abenteuergeschichten von unserem Heldenleben auf den Fairways und Greens.

Nur einer aus unserer Gruppe machte nicht mit. Klaus trank einen Latte Macchiato, dann ging er auf die Driving Range.

Sie ahnen schon, was nun kommt. Ich gewann das Turnier. Klaus landete im hinteren Mittelfeld.

Ein Golfturnier, so folgern Sie nun, ist dann so gut wie gewonnen, wenn die Vorbereitung auf den ersten Abschlag in die Kategorie des liederlichen Lebenswandels fällt.

Das ist nicht falsch. Ich werde es gleich noch etwas präzisieren.

Zuerst aber muss ich kurz vorausschicken, wie ich das Turnier gewann. Ich ging an den Start, war ein bisschen beschwipst, und im Grunde war mir das Turnier längst egal. Ich begann dann auf den ersten zwei, drei Löchern eher schwach. Interessant daran war, dass mich meine schlechten Schläge nicht weiter störten. Ich nahm sie sehr gelassen und freute mich, dass nun die Sonne schien.

Dann, auf einmal, traf ich jeden Ball. Ich spielte so gut wie nie zuvor. Interessant daran war, dass mich meine guten Schläge auch nicht weiter störten. Ich nahm sie sehr gelassen und freute mich, dass nun die Sonne schien.

Auf dem siebzehnten Loch war ich dann zum ersten Mal in meinem Leben auf einem Par 5 mit zwei Schlägen auf dem Grün. Es war zwar ein kurzes Par 5, aber nun begann ich mich wirklich zu wundern. Hatte ich das Rezept entdeckt, wie man mit Sicherheit ein Golfturnier gewinnt?

Ich glaube, das Rezept gibt es. Es ist sehr simpel und darum sehr kompliziert. Ein Golfturnier gewinnst Du, wenn Du es nicht gewinnen willst. Ein Golfturnier gewinnst Du nicht, wenn Du es gewinnen willst.

Wenn wir das etwas philosophisch untermauern müssten, könnten wir Georg Wilhelm Friedrich Hegels Dialektik-Definition erwähnen. Die Negation als Aspekt der kritischen Antithese führt oft zum Erfolg. Kluge Sätze wie diesen, dies als kleiner Tipp, kann man im Klubhaus immer mal beiläufig dazwischenwerfen.

Klaus ist hingegen ein Fall, der nie gewinnen wird. Seine Vorbereitung ist zwar mustergültig. Am Turniertag steht er früh auf (Kreislauf), dann frühstückt er sehr gesund (Kohlenhydrate, Vitamine), dann macht er Stretching (Geschmeidigkeit), dann schlägt er hundert Bälle auf der Driving Range (Aufwärmtraining), dann geht er putten (Konzentration) und dann geht er auf den ersten Abschlag und haut den Ball mit einem Slice ins Out (logische Folge).

Ein Golfturnier gewinnt man nur, wenn einem das Golfturnier ziemlich egal ist. Dann gewinnt man, weil man nur dann die nötige Leichtigkeit mitbringt. Ich habe die Regel in meinem Golf-Umfeld immer wieder verkündet, und etliche Mitgolfer haben mir nach ihren Siegen dann bestätigt, dass da wirklich etwas dran ist.

Das Seltsame ist nur: Seit ich die todsichere Regel kenne, wie man regelmäßig ein Turnier gewinnt, habe ich nur noch sehr selten ein Turnier gewonnen. Ich glaube, das ist das Los des Propheten.

005 Macht Golfspielen wirklich süchtig?

Luke Clark ist Psychologieprofessor an der University of British Columbia. Er ist weltweit einer der führenden Experten auf dem Gebiet der Spielsucht, dem „pathologischen Spielen", wie es die Wissenschaft nennt.

In seinen Schriften vergleicht er Spielsüchtige mit Golfspielern. Golfer wie Casino-Spieler, sagt Clark, investieren einen großen Teil ihrer Zeit in ihr Spiel. Golfer geben viel Geld für das Spiel aus, für Ausrüstung, Mitgliedschaft, Reisen und Green Fees. Beide Gruppen haben Entzugserscheinungen, wenn sie länger als ein bis zwei Wochen nicht zum Spielen kommen.

Aus wissenschaftlicher Sicht sei es „vernünftig und angemessen", sagt der Psychopathologe, die Golfer wie die pathologischen Spieler als „Süchtige" zu bezeichnen.

Doch dann nennt Clark den entscheidenden Unterschied. „Golfer brauchen sehr selten eine Behandlung ihres Problems. Sie sind darum klinisch irrelevant".

Wir sind klinisch irrelevant. Die Golfer sind die einzigen Süchtigen dieser Welt, die nicht unter ihrer Sucht leiden. Im Gegenteil, sie haben Freude daran.

Golf ist die einzige Sucht dieser Welt, die keinen Schaden anrichtet. Das unterscheidet Golf von Alkoholismus, Drogenmissbrauch, Pyromanie, Nikotinabhängigkeit und Spielsucht. Weil die Golfsucht kein

Leid und keinen Schaden hinterlässt, wollen sich die Golfer auch nicht davon kurieren lassen. Es gibt darum Drogenentzugskliniken und Alkoholentzugskliniken, aber keine Golfentzugskliniken.

Medizinisch allerdings müssen wir Golfspieler uns keine Illusionen machen. Unsere Sucht verläuft neurologisch nach denselben Mustern wie bei Drogenkranken und bei Spielsüchtigen. Sie ist ein Belohnungssystem für das Gehirn. Dopamin- und Opiod-Rezeptoren in den Nervenzellen werden stimuliert und leiten während der Golfrunde ein Glücksgefühl an die Hirnrinde weiter. Dieser angenehme Reiz ruft schon nach kurzer Zeit nach Wiederholung.

An Geldspielautomaten beobachtet man einen zusätzlichen verstärkenden Effekt. Der Spieler weiß im Casino nie, wann es wieder klingeln wird und ein Geldstrom aus der Maschine klappert. Er weiß, es wird irgendwann passieren, aber er weiß nicht wann. Darum ist es so hart, sagt die Wissenschaft, den Spielautomaten zu verlassen.

Bei Golfern ist er vergleichbar. Sie wissen auch, dass ihnen irgendwann wieder ein grandioser Schlag gelingen wird, aber sie wissen nicht wann. Auch sie hören darum nicht auf.

Gut beschrieben hat dieses Phänomen der Hardrockmusiker Alice Cooper in seiner Biographie „Golf Monster". Er beschreibt im Buch, wie Golf ihm das Leben rettete.

Am Ende seiner Konzerttour von 1975 war Cooper völlig dem Alkohol verfallen. „Ich trank ohne Unterlass", schreibt er. „Ich zitterte. Ich war deprimiert. Ich erbrach jeden Morgen Blut. Ich wusste, dass ich starb."

Dann entdeckte Alice Cooper das Golfspiel. Er hörte auf zu saufen und spielte sich schnell auf das Niveau eines Spitzenamateurs herunter. Auch mit über 70 Jahren lag sein Handicap immer noch zwischen vier und fünf.

Cooper hat seinen Wechsel von der Flasche zum Schläger sehr treffend beschrieben: „Ich ersetzte bloß eine ungesunde Sucht durch eine gesunde Sucht."

006 Ist es ratsam, mit Partner oder Partnerin zu spielen?

Wir leben in Zeiten der politischen Korrektheit und der Genderdebatte, darum muss ich mit der Antwort etwas vorsichtig sein. Aber so viel schicke ich voraus: Es ist nicht sehr empfehlenswert, mit dem Ehepartner oder sonstigen Lebenspartner allzu viel Golf zu spielen.

Wie spielt ein Mann, wie spielt eine Frau?

Ein Mann spielt in der Regel Golf auf höchstem Niveau. Ausnahme von der Regel sind nur die Schläge, die ihm vollkommen misslingen. Eine Frau hingegen spielt in der Regel kein Golf auf höchstem Niveau. Ausnahme von der Regel sind nur die Schläge, die ihr vollkommen gelingen.

Dumm daran ist nur, dass die männlichen Ausnahmen von der Regel häufiger sind als die weiblichen Ausnahmen von der Regel. Frauen spielen oft viel konstanter als Männer, weil sie nicht bei jedem Schlag den Schlag des Jahrhunderts versuchen.

Männer und Frauen haben zu Golf eine unterschiedliche Attitüde. Für Männer ist es die Fortsetzung ihres Lebens von außerhalb des Platzes. Man sollte gut sein, man sollte Leistung zeigen, man sollte gewinnen. Wenn Männer untereinander spielen, dann geht es immer um einen Einsatz. Männer spielen um Geld oder um Drinks.

Für Frauen ist Golf eine Abwechslung vom Leben von außerhalb des Platzes. Sie müssen sich für einmal um nichts kümmern, sie können entspannen. Wenn Frauen untereinander spielen, dann spielen sie nicht um die Wette, es geht es um nichts außer um das Amüsement.

Es sind zwei sehr unterschiedliche Attitüden, die hier aufeinandertreffen. Das hat Konfliktpotential.

Der Mann, der Golf als Fortsetzung des Lebens betrachtet, unterstützt darum auch seine Lebenspartnerin mit exzellenten Ratschlägen, damit sie ebenfalls sein Leistungsniveau erreicht.

Nach ihrem Schlag sagt darum der Mann: „Höre, Darling, ich gebe Dir einen Tipp: Deine Schwungebene ist zu steil. Ich rate Dir dringend, flacher an den Ball zu kommen."

Nach dieser selbstlosen Erklärung haut er mit steiler Schwungebene in den Boden und der Ball hoppelt jammervoll in den Teich.

Die Frau sagt dann milde: „Da hast Du aber Pech gehabt."

Nach ihrem nächsten Schlag sagt der Mann: „Höre, Darling, Du solltest den Schläger lockerer halten. Das bringt Dir mehr Länge."

Nach diesem generösen Hinweis umklammert er sein Holz bis die Knöchel weiß werden und hämmert den Ball krachend in den Wald.

Die Frau sagt nun: „Da hast Du schon wieder Pech gehabt."

„Musst Du eigentlich jeden Schlag von mir kommentieren!" brüllt er nun.

„Warum brüllst Du mich an?" fragt sie.

„Ich brülle, wenn ich brüllen will!", brüllt er nun.

Wir können es kurz machen. Es endet oft nicht gut, wenn gegensätzliche Mentalitäten aufeinandertreffen. In diesem Fall ist es das männlich-weibliche Gegensatzpaar von Leistungswillen und Vergnügen.

Die Engländer und die Schotten, die Altmeister im Golf, wissen das schon lange. Dort spielen Männer nur mit Männern und Frauen mit Frauen, Gentlemen unter sich, Ladies unter sich.

Wir sollten von ihnen lernen. Wer unbedingt etwas gemeinsam unternehmen will, kann ja immer noch ins Kino. Oder ins Bett.

007 Darf ich beim Golfen betrügen?

Wir könnten es uns nun leicht machen und wie alle diese Golfpriester den Zeigefinger der Moral in die Luft strecken. Natürlich betrügt ein Golfer niemals. Wir alle sind ehrlich. Es ist ein „Gentleman's Game". Das gilt auch für Golferinnen. Es ist ein „Gentlewoman's Game".

Damit wäre dieses Kapitel moralisch einwandfrei beendet.

Wechseln wir besser in die Realität. Um die 80 Prozent der Golfer, so zeigen Umfragen, betrügen von Zeit zu Zeit.

Wenn Sie zu den 80 Prozent gehören, wovon ich als Realist einmal ausgehe, dann sind Sie in guter Gesellschaft. Die Mehrheit der Caddies auf der Profi-Tour hat in einer Studie gesagt, dass auch bei großen Turnieren gemogelt wird. Ein beliebter Trick der Profis ist es etwa, im höheren Gras zum Dreier-Holz zu greifen, den Ball damit anzusprechen und so das Gras hinter dem Ball niederzudrücken. Dann wechseln sie den Schläger, nehmen ein Eisen und treffen den Ball problemlos.

Zurück zu uns Amateuren. Ich nenne Ihnen die zehn beliebtesten Schummeleien auf dem Platz. 1. Die Lage des Balles mit dem Schläger verbessern, 2. Falsches Zählen, 3. Das Gras hinter dem Ball mit dem Schuh oder Schläger niederdrücken, 4. Einen gefundenen Ball als den eigenen ausgeben, 5. Beim Markieren auf dem Green Raum gewinnen, 6. Lederwegde – den Ball mit dem Fuß in eine bessere Position kicken, 7. Beim Droppen zu weit nach vorne gehen, 8. Im Bunker den Schläger auf den Boden setzen, 9. Heimlich einen Ball fallen lassen, 10. Auf dem Ball des Gegners stehen.

Was ist schlimm daran? Ich mache Ihnen nun einen amoralischen Vorschlag. Den Vorschlag habe ich aus den USA mitgebracht. Die Amerikaner waren schon immer gnadenlose Pragmatiker.

Der Vorschlag lautet: Im Freizeitgolf ist nur der Schwindel unter den Punkten 2, 4 und 9 absolut verboten. Die anderen sieben Schummeleien kann man auch mal durchgehen lassen. Denn nur unter Punkt 2, 4 und 9, also bei falschem Zählen und einem erschwindelten Ball, verbessert sich mit Sicherheit der eigene Score. Bei den anderen sieben Tricks verbessert sich der eigene Score nicht automatisch. Tatsächlich hilft es wenig, den Ball mit dem Fuß in eine etwas bessere Position zu befördern, wenn man ihn mit dem nächsten Schlag dann doch ins Wasser haut. Tatsächlich hilft es wenig, beim Markieren auf dem Green zehn Zentimeter zu schinden, wenn man den Putt dann doch verschiebt.

Es ist eine Mogelei ohne bedeutsame Folgen. Als Pragmatiker sind wir darum nachsichtig: Durchschnittliche Amateurgolfer, also die meisten von uns, vergeigen und verpfuschen es sowieso, egal, ob sie sich vorher noch einen kleinen, illegalen Vorteil verschaffen wollten.

Strikt verboten ist darum nur, erstens einen falschen Ball, ob gefunden oder platziert, ins Spiel zu bringen und zweitens beim Zählen zu betrügen. Denn beides verbessert den Score nachweislich in jedem Fall. Aber das Gras niederzudrücken oder den Ball vorwärts zu kicken – wenn ich sowas bei einem Mitspieler beobachte, greife ich nur in krassen Fällen ein. Mit dem nächsten Schlag, so denke ich mir in der Regel, werden er oder sie vermutlich dennoch in den Boden hauen – also, was soll's?

Wenn auf dem Platz gelegentlich eine kleine Betrügerei passiert, ist es darum kein großes moralisches Drama. Schließlich machen es alle – außer, logischerweise, die edlen Leser dieses edlen Buchs.

008 Wie gut muss ich die Golfregeln kennen?

Im Jahr 1744 wurden erstmals Golfregeln schriftlich niedergelegt. Captain John Rattray formulierte sie im schottischen Edinburgh für ein Turnier seines Klubs, den „Gentlemen Golfers of Leith".

Es waren dreizehn Regeln. Allein drei beschäftigten sich mit dem Abschlag, weil man damals noch keine Tees verwendete, sondern von kleinen Sandhaufen startete. Das musste detailliert geregelt sein.

Am amüsantesten war Regel sieben. Golfer, so schreibt die Regel vor, müssen ihren Ball in Richtung Green spielen und nicht auf die gegnerischen Bälle zielen, um sie wegzuschießen. Der Gedanke der sportlichen Fairness, so folgern wir, war bei den Schotten damals noch nicht übertrieben ausgeprägt.

Nur eine Regel, die zwölfte der dreizehn, legte den Ablauf des Spieles fest. Sie lautete: „He whose Ball lies farthest from the Hole is obliged to play first." Der Spieler, dessen Ball am weitesten vom Loch entfernt liegt, muss als Erster spielen.

Die Regel hielt 274 Jahre. Anfang 2019 verschwand sie spurlos. Seitdem gilt: Der Spieler, der gerade Lust darauf hat, spielt als Erster.

Viele Golfspieler sind mächtig stolz darauf, dass sie die Golfregeln exakt kennen. Sie werfen sich in die Brust und berufen sich auf eine jahrhundertealte Tradition. Das ist Humbug.

Golfregeln sind wie Steuer- oder Bauvorschriften. Sie ändern sich immer wieder. Ab 1899 bekam man beispielsweise einen Strafschlag, wenn man einen Ball zweimal traf. Das ist vorbei. Lange war beim Droppen Vorschrift, den Ball über die eigene Schulter zu werfen, dann musste man ihn auf Schulterhöhe und heute auf Kniehöhe fallen lassen. Nicht erlaubt war für zweihundert Jahre, im Wasserhindernis den Schläger auf den Boden zu setzen und Probeschwünge zu machen. Das ist nun erlaubt. Früher musste man beim Einlochen die Flagge aus dem Loch ziehen. Nun darf sie drinbleiben.

Der spanische Tour-Spieler Sergio Garcia sieht das darum locker: „Ich kenne nicht annähernd alle Golfregeln – und ich mache das beruflich."

Ich mache es nicht beruflich, aber ich sehe das ähnlich. Es genügt, wenn man auf dem Platz die wichtigsten vier, fünf Vorschriften kennt, etwa, was bei einem Treffer in den Teich zu tun ist oder wie man verfährt, wenn der Ball in eine Hecke oder ins Out rollt. Mehr braucht es nicht.

In den Golfklubs haben sie das noch nicht begriffen. Sie veranstalten dort immer noch die sogenannten Regelprüfungen. Selbsternannte Golf-Staatsanwälte unterziehen dann die Golf-Einsteiger mit irren Fragen aus der Irrealität. Die Prüfungsfrage lautet dann zum Beispiel: „Ein Golfer holt aus, und während des Rückschwungs bläst der Wind seinen Ball um einige Zentimeter nach vorn. Der Golfer schlägt dennoch zu. Welche Strafe ist nun fällig?"

Ist das irgendjemanden schon mal passiert? Natürlich nicht, und wenn, was soll's.

Tröstlich daran ist, dass es die Regel-Behörden nur im deutschsprachigen Raum gibt. Wenn ich meinen Golffreunden aus Großbritannien, USA oder Asien erzähle, dass man bei uns zum Golfspielen eine Regelprüfung ablegen muss, dann lachen sie sich jeweils halb tot und vergleichen es mit einer ähnlich komplexen Sportart.

„Muss man bei Euch auch eine Prüfung ablegen, bevor man Sex hat?", fragen sie zurück. Ich sage dann, dass wir auch in diesem Punkt auf bestem Weg sind.

009 Welches sind die besten Golf-Ausreden?

Der Putt meines Mitspielers war nicht schlecht. Aber kurz vor dem Ziel bog der Ball ab und zog links am Loch vorbei.

Mein Mitspieler schüttelte den Kopf. „Verdammte Erdkrümmung!", rief er dem Ball hinterher.

Es war eine der besten Ausreden für einen missglückten Golfschlag, die ich je gehört habe. Die Ausrede ist darum so gut, weil sie universell anwendbar ist. „Verdammte Erdkrümmung" geht immer, egal, ob der Putt danebengeht oder ob der Ball ins Gehölz rollt.

Golfer sind, wie wir wissen, ein kreatives Völkchen. Besonders kreativ sind sie, wenn sie eine Ausrede für das eigene Versagen finden müssen.

„Mein Hund hat meinen Handschuh gefressen", sagte mir mal einer, „und mit dem Ersatz komme ich einfach nicht zurecht".

„Genau in dem Moment, als ich auf den Ball schlug", sagte mir mal einer, „hat sich eine Fliege auf den Ball gesetzt".

In keiner anderen Sportart gibt es so viele Ausreden für eine Fehlleistung wie im Golf. Das hat zwei Gründe.

Der erste Grund liegt darin, dass Golf ein extremer Outdoor-Sport ist. Wir spielen mitten in der Natur. Anders als in Hallen und Stadien gibt es in der Natur Wind und Sonne und Regen und Fauna und Flora und damit ein riesiges Angebot an möglichen Entschuldigungen.

Der zweite Grund ist der wichtigere. Golf, so weiß die Sportpsychologie, ist ein besonderer Sport, weil jeder ganz allein für seine Leistung geradestehen muss. Golf ist rein eigenverantwortlich. Golfer können keine Mitspieler und keine Schiedsrichter für Niederlagen verantwortlich machen. Golfer sind immer ganz alleine schuld.

Wenn Du ganz alleine schuld bist, so schreibt die Sportpsychologie weiter, führt das mit der Zeit in einen Erklärungsnotstand. Du kannst nicht dauernd damit leben, dass Du ein Depp und ein Versager bist. Also müssen zur Stärkung der eigenen Psyche externe Argumente her. Dann verschiebt halt die Erdkrümmung den Putt, der Hund frisst den Handschuh und die Fliege setzt sich auf den Ball.

Wir können hier nicht alle Ausreden anführen, sonst hat dieses Buch 500 Seiten. Aber wir können sagen, worauf es ankommt. Die besten Ausreden sind die flexiblen Ausreden. Gute Ausreden sind jene, bei denen auch das Gegenteil eine gute Ausrede ist.

„Ich kam in den letzten Monaten überhaupt nicht zum Spielen", ist eine gute Ausrede für schlechte Schläge. Oder: „Ich habe in den letzten Monaten viel zu viel gespielt", ist auch nicht übel. Als Alternative geht: „Ich bin untergolft." Oder: „Ich bin übergolft."

Gut ist immer auch die Materialfrage: „Mit diesen neuen Schlägern komme ich einfach noch nicht zurecht." Oder wechselweise: „Mit diesen alten Schlägern komme ich einfach nicht mehr zurecht."

Das Timing hat auch seine beiden Seiten. „Der Flight vor uns ist so langsam. Ich kann nicht Golf spielen, wenn ich immer warten muss." Oder dann: „Der Flight hinter uns ist so schnell. Ich kann nicht Golf spielen, wenn ich immer gedrängt werde."

Das ist das Grundmuster. Halte immer beide Optionen offen.

Ich hatte soeben eine Golflektion und darum klappt nichts mehr. Ich hatte schon lange keine Golflektion mehr und darum klappt nichts mehr.

Der Wind war stärker als ich dachte. Der Wind war schwächer als ich dachte.

Hier haben sie zu wenig gemäht. Hier haben sie zu viel gemäht.

Ich wollte das Neuner-Eisen nehmen und habe das Sechser-Eisen erwischt. Ich wollte das Sechser-Eisen nehmen und habe das Neuner-Eisen erwischt.

Ich habe zu viel getrunken. Ich habe zu wenig getrunken.

Wenn Sie alle Ausreden durchhaben, dann bleibt Ihnen nach einem schlechten Schlag immer noch das Universalrezept. Sagen Sie einfach: „Verdammte Erdkrümmung".

010 Warum macht Golf dermaßen hungrig?

Der Mediziner Neil Wolkodoff aus Denver ist der führende Kalorien-Experte dieser Welt. Er weiß alles über Kalorien. Er hat dazu 250 unterschiedliche Tätigkeiten ausgewertet.

Er weiß zum Beispiel, dass in einer Stunde Marathonlauf 907 Kalorien verbraucht werden, beim Rückenschwimmen 702 Kalorien, beim Fußball 682 Kalorien und beim Jogging 546 Kalorien pro Stunde.

Beim Golfspielen, bei normalem Körpergewicht, sind es 273 Kalorien pro Stunde. Golf liegt beim Energieverbrauch damit im hinteren Mittelfeld der Sportarten, ist aber immer noch intensiver als Pingpong, Curling und Geschlechtsverkehr.

Nun dauert eine Golfrunde aber vier Stunden. Der Verbrauch auf einer Runde liegt also bei 1092 Kalorien. 1092 Kalorien entsprechen einem mittelgroßen Wienerschnitzel mit Pommes und zwei Glas Wein.

Damit aber lässt es keiner bewenden. Das Erstaunliche an einer Golfrunde ist jeweils der unfassbare Hunger danach.

Nach einer Golfrunde sind der normale Golfer und die normale Golferin von gewaltigen Hungergefühlen geplagt. Der Hunger ist deutlich größer als die theoretische Kompensation der 1092 verbrauchten Kalorien. Der normale Golfer bestellt darum im Klubhaus ein mittelgroßes Wienerschnitzel mit Pommes, zuvor aber noch einen Lachsteller und dahinter eine Käseplatte und ein Stück Schokoladentorte. Dazu isst er zwei Semmeln und trinkt drei Gläser Wein, plus einen Cognac zum Kaffee.

Danach geht er nach Hause. Die Energiebilanz ist mit etwa 1800 Kalorien im Plus.

Warum macht Golf so hungrig?

Wir müssen das Problem neurologisch angehen. Versetzen wir uns mal in unsere Hirnzentrale während einer Golfrunde. Die Hirnzentrale registriert erhöhte Herz- und Atmungsfrequenz im Körper, sie registriert intensivere Muskel- und Nervenanspannung sowie eine deutlich erhöhte Ausschüttung von Glückshormonen wie Dopamin und Endorphin. Aha, sagt sich die Hirnzentrale, der Körper ist in einem besonderen Zustand. Er ist ziemlich euphorisch.

Alles klar, sagt sich nun die Hirnzentrale, nun setzen wir noch einen drauf. Jetzt machen wir das Glück vollkommen. Wir aktivieren den Metabolismus.

Die Hirnzentrale sendet darum eine Botschaft an die Chemo-Rezeptoren im Magen und in der Leber, dass demnächst noch mehr Spaß in Aussicht steht. Es ist die frohe Aussicht auf Wienerschnitzel mit Pommes, auf Lachsteller, Käseplatte, Schokoladentorte, Wein und Cognac. Die Rezeptoren bekommen die Botschaft und senden erfreut ihre volle Aufnahmebereitschaft zurück. Sie signalisieren Hunger.

So, nun wissen Sie, warum Sie nach einer Golfrunde immer so viel Appetit haben. Damit Sie nicht vermuten, ich hätte Ihnen einen medizinischen Blödsinn erzählt: Ich danke Dr. Steinmann, Handicap 17, für die wissenschaftliche Beratung bei diesem Text.

011 Ist Golf ein Sport?

Etwas verdächtig ist es ja schon, wenn wir Golfer gegenüber Dritten unseren Sport beschreiben. Verdächtig daran ist, dass wir andauernd betonen, bei Golf handle es sich um Sport.

Wir betonen dann, dass wir – wie bei einem richtigen Sport – auf einer Runde eine Distanz von acht Kilometern zu Fuß hinter uns bringen. Wir betonen dann, dass wir – wie bei einem richtigen Sport – hundert oder zweihundert verschiedene Muskeln einsetzen müssten. Wir betonen dann, dass es – wie bei einem richtigen Sport – im Golf eine Menge von Wettkämpfen gibt.

Gut, es gibt auch Turniere für Halma und für Legosteine.

Wir Golfer, wenn wir unseren Sport beschreiben, fühlen uns oft in einer Abwehrsituation. Wir verteidigen uns gegenüber der nichtgolfenden Bevölkerung auch dann, wenn wir von keiner Menschenseele angegriffen werden.

Wir sagen „Golf ist ein richtiger Sport", obschon gar niemand das Gegenteil behauptet hat. Wir sagen „Ich spiele Golf, aber ich habe noch Sex", obwohl gar niemand diesen alten Witz strapaziert hat. Wir sagen „Ich spiele Golf, aber beziehe noch keine Rente", obschon niemand sich für unser Alter interessiert.

Wir sind gegenüber Außenstehenden in der permanenten Verteidigung, weil wir die Vorurteile der nichtgolfenden Bevölkerung nur zu gut kennen. Machen wir uns nichts vor, wir sind außerhalb unserer Spezies keine strahlenden Vorbilder der Jugend. Wir gelten eher als arbeitsscheue und trinkfeste Freizeittruppe, die als Alibi für ihr Partyleben ein paar Bälle über den Rasen scheucht und dann behauptet, das sei Sport.

Nun, ist es Sport?

Es ist eine Frage der Perspektive. Meine Freundin Susanna zum Beispiel, eine Raumgestalterin, geht jeden Morgen eine Stunde laufen. Über Mittag schwimmt sie eine Stunde, gegen Abend folgt Fitnesstraining. Als ich sie erstmals auf den Golfplatz mitnahm, war sie nicht sehr beeindruckt. Wenn wir nun manchmal eine Runde spielen, bleibt ihre Herzfrequenz im Ruhepuls. Sie hält Golf für eine Art Spaziergang mit gelegentlichen artistischen Einlagen.

Wenn ich hingegen mit Erwin spiele, schwitzt er schon nach drei Löchern wie ein Pferd. Sein Atem pfeift. Erwin ist von Beruf Datenanalyst. Seine einzige anstrengende Tätigkeit neben Golf ist das Sitzen. Am Morgen setzt er sich ins Auto, dann auf seinen Bürostuhl, dann sitzt er in der Kantine, dann wieder in Büro und Auto und dann auf der Couch. Er hält Golf für einen harten Hochleistungssport, der den Körper an die Grenzen des menschlichen Leistungsvermögens zwingt.

Golf ist nicht Golf. Es ist für jeden etwas anderes. Für die einen ist es Sport. Für andere ist es ein Spaziergang mit ein paar Freiübungen dazwischen.

Golf ist nicht Golf. Es kann täglich etwas anderes sein. Vor einigen Tagen spielte ich zum Beispiel gegen Martin in der Matchplay-Klubmeisterschaft. Wir spielten aggressiv und schnell und nach zweidreiviertel Stunden fiel die Entscheidung erst am letzten Loch. Das war echter Sport.

Etwas später war ich auf der Runde mit den „Ugos", den „United Golfers of Swing". Niemand kann sich noch erinnern, wie unser Männerverein zu diesem dummen Namen kam. Egal, wir spielten wie immer „Garbage", eine Golfrunde auf der ständig gewettet wird, wer am nächsten bei der Fahne liegt, wer den weitesten Abschlag hat und wer am besten mit dem Driver puttet.

Wir wetteten also ununterbrochen und dazu tranken wir Bier. Nach über vier Stunden wechselten erst ein paar Geldscheine die Hand, dann wechselten wir ins Klubhaus und bestellten Pizza, erneut Bier und Zigarren.

Mit Sport hatte das rein gar nichts zu tun. Aber lustig war es trotzdem.

012 Wie häufig braucht ein Golfer neue Schläger?

Eine Vorfrage: Können wir besser Auto fahren, wenn wir nicht mehr unseren alten BMW nutzen, sondern stattdessen einen neuen Mercedes kaufen?

Ich glaube nicht. An unserem Fahrstil ändert sich nichts.

Und nun zur Hauptfrage: Können wir besser Golf spielen, wenn wir nicht mehr unsere alten Callaway-Schläger nutzen, sondern stattdessen ein neues Set von Cobra kaufen?

Ich glaube schon. An unserem Spielstil ändert sich was.

Tatsächlich spielen wir Golfer besser, wenn wir neue Schläger in Händen halten. Das ist die gute Nachricht. Es gibt leider dazu auch eine schlechte Nachricht. Darauf kommen wir noch.

Die Sportpsychologin und Golfbuch-Autorin Debbie Crews Ketterling hat bei Spitzenspielerinnen untersucht, was passiert, wenn man ihnen neue Schläger in die Hände drückt. Als erstes nehmen die messbaren Hirnströme deutlich zu und auch die Herzfrequenz steigert sich. Es ist der Ausdruck der Freude über die brandneuen Schläger, die so schön in der Sonne glitzern.

Die ersten Einsätze mit den neuen Instrumenten, so maß die Sportpsychologin dann, fielen im Test um einiges besser aus als der bisherige Durchschnitt der Spielerinnen. Neue Schläger, neues Glück.

Dazu kurz der passende Witz. Ein Mitarbeiter geht in Rente. Die Arbeitskollegen schenken ihm zum Abschied ein Set von Golfschlägern. Am nächsten Tag fährt der Rentner auf den Platz und fragt den Pro: „Wie geht dieser Sport?" „Ganz einfach", sagt der Pro, „sie legen einen Ball hin, schwingen den Schläger und spielen den Ball in Richtung dieser Fahne da vorn". Der Rentner nimmt einen Ball, zieht das neue Fünfer-Eisen aus der Tasche und haut den Ball dreißig Zentimeter an die Fahne. „Und was jetzt?", fragt der Rentner. „Jetzt", stammelt verdattert der Pro, „jetzt müssen Sie den Ball nur noch ins Loch schlagen". „Was!", beschwert sich der Rentner, „und das sagen Sie mir erst jetzt!".

Ich habe dasselbe bei mir ebenso beobachtet. Wenn ich mir neue Schläger leiste, dann spiele ich mit ihnen besseres Golf. Es stellt sich eine gewisse Beschwingtheit ein, schon die ersten Schläge gelingen, und wie jeder Golfer weiß, führen gelungene Schläge in der Regel zu noch mehr gelungenen Schlägen. Neue Hölzer und Eisen sind gut für das Selbstbewusstsein.

Dieser Zusammenhang ist ein Segen für die Golfindustrie. Darum veranstalten Golfartikel-Anbieter auf unseren Plätzen dauernd diese Demo-Tage. Wir dürfen neue Schläger ausprobieren, mit den neuen Schlägern treffen wir plötzlich besser, wir sind euphorisiert – und dann kaufen wir noch am gleichen Tag diese Wunderwaffen.

Und damit kommen wir zu der schlechten Nachricht. Der stimulierende Effekt von neuen Waffen ist leider von begrenzter Dauer. Nach einer gewissen Zeit, so zeigte auch die Studie der Sportpsychologin, verpufft der Effekt. Das Spiel mit den neuen Cobras gleicht sich dem Spiel mit den alten Callaways an. Es genügt darum in der Praxis vollkommen, sich etwa alle sechs Jahre ein neues Set zuzulegen. Denn schneller schreitet die Golftechnologie nicht voran.

Auch ich kann die Abnützungseffekt aus eigener Erfahrung bestätigen. Wenn die neuen Schläger recht schnell zu alten Schlägern geworden sind, kehrt auch die alte Leistung zurück. Es ist ein bisschen wie sonst im Leben. Irgendwann wird jede neue Liebe zu einer alten Liebe.

Nun wäre das Problem theoretisch leicht zu lösen. Wir müssten uns einfach jeden Monat ein neues Schlägerset kaufen. In der Praxis ist es keine Lösung, weil bei dieser Lösung das Golfspiel unser Budget ruiniert.

Schließlich wollen auch wir Golfer uns mal wieder einen neuen Mercedes leisten und nicht ein Leben lang im alten BMW sitzen.

013 Warum ist Golf doch anders als Sex?

Die menschliche Natur funktioniert nach dem Prinzip von Aufwand und Ertrag. Wenn der Aufwand für eine Tätigkeit riesig und der Ertrag minimal ist, dann hört die menschliche Natur mit dieser Tätigkeit auf.

Wer kaum je ein Kreuzworträtsel lösen kann, hört irgendwann damit auf. Wer beim Pilzsammeln kaum je einen Pilz findet, hört irgendwann damit auf. Wer kaum je ein Omelette Soufflé hinbekommt, hört irgendwann damit auf.

Golfer hören nie auf, auch wenn sie kaum je eine gute Runde zustande bringen. Golf ist darum wie Sex. Es sind die zwei einzigen Sportarten, so sagt das bewährte Bonmot, die alle auch dann mit Spaß betreiben, wenn sie es nicht können.

Warum hören Golfer trotz Misserfolgen nie auf?

Zur Erklärung müssen wir kurz zurück zum Vergleich von Golf und Sex. Es gibt einen entscheidenden Unterschied. Wer es im Bett nicht richtig kann, der kann es für alle Zeiten nicht. Wer es im Golf nicht richtig kann, der kann es doch immer mal wieder von Zeit zu Zeit.

Das ist ja das Erstaunliche an Golf. Selbst dem lausigsten Golfer gelingt von Zeit zu Zeit ein Weltklasseschlag. Da stehen der Paul und die Ilse und der Peter hundertzwanzig Meter vor dem Green, holen ein Eisen aus der Tasche – und schwupp, irgendwann hauen sie die Kugel mit ballistischer Perfektion einen halben Meter neben die Fahne. Weltklasse.

Das ist der Unterschied zur anderen Disziplin. Dort kannst Du Dich nicht plötzlich in Casanova oder Don Juan verwandeln. Im Golf hingegen kannst Du Dich plötzlich in Jack Nicklaus und Bernhard Langer verwandeln. Du kannst als Golfer jederzeit einen Traumschlag spielen, wie er auch dem besten Profi nicht besser gelingt.

Damit ist erklärt, warum wir Golfer trotz all unserer irdischen Mühseligkeit nie mit diesem Spiel aufhören werden. Am Ende des Tunnels lockt immer das gleißende Licht des perfekten Schlags. Der perfekte Schlag ist er darum, weil er exakt so ausfällt wie wir uns das vorgenommen haben. Der Ball fliegt genau nach unseren Regieanweisungen.

Dieser makellose Schlag brennt sich dann wie ein Brandmal in unser Langzeitgedächtnis ein. Im Grunde ist es bizarr, aber viele Golfpartner können mir heute noch detailgenau erzählen, wie ihnen vor fünf oder zehn Jahren einer dieser Traumschläge gelang, etwa damals in Bayern mit den Fünfer-Holz 180 Meter übers Wasser zum Birdie-Putt, oder damals in Teneriffa, dieser Schlag aus dem Schilf, der tot am Stock endete.

Ich habe auch einen, an den ich mich bis heute erinnern kann. An einem Par 3 in Italien traf ich die Fahnenstange, der Ball sprang leicht zurück und blieb fünfzehn Zentimeter vor dem Lochrand liegen. So nahe war ich noch nie an einem Hole-in-one dran.

Der Traumschlag beweist uns, dass wir den Traumschlag können, nicht jedes Mal, aber immer mal wieder. Wir müssen nur etwas Geduld haben. Irgendwann kommt er. Es wäre absurd, in dieser hoffnungsvollen Situation mit Golfen aufzuhören.

Fassen wir den Unterschied zwischen Golf und Sex zusammen. Auch wenn Du in den beiden Sportarten nicht allzu talentiert bist, gelingt Dir in einer der zwei Sportarten manchmal doch der perfekte Schuss.

014 Wann und wie verliere ich absichtlich?

Am besten auf den Punkt brachte es der ehemalige US-Präsident George W. Bush. Er sagte: „Es ist schon erstaunlich, wer alles im Golf gegen mich gewinnt, seit ich nicht mehr Präsident bin."

Ich war in Deutschland und der Schweiz lange als Unternehmensberater unterwegs. Dabei spielte ich immer mal wieder mit meinen Auftraggebern, also den Vorsitzenden des Vorstands und der Geschäftsleitung – sozusagen auch eine Art von Präsidenten. Was ist das schlauste Verhalten in dieser Situation? Selber gewinnen wollen? Absichtlich verlieren?

Es gibt für Unternehmensberater zwei goldene Regeln. Erstens: Man sollte nicht unbedingt mit einem Aston Martin oder einem Mercedes-Maybach auf dem Firmenparkplatz vorfahren. Sonst denken alle, der Berater ist zu teuer. Zweitens: Man sollte nicht unbedingt allzu gut Golf spielen. Sonst denken alle, der Berater ist arbeitsscheu.

Einen mittelgroßen BMW kann man zur Not mieten und sich so auf dem Parkplatz ein wenig verstellen. Noch einfacher ist es, sich auf dem Golfplatz zu verstellen.

Es gibt kaum eine andere Sportart, wo es so leicht ist, absichtlich zu verlieren. Man spielt dann einfach absichtlich so schlecht, wie man spielt, wenn man unabsichtlich schlecht spielt. Die wesentlichen Elemente sind Drives ins Rough und ins Wasser, Schläge in den Boden, unpräzise Annäherungen und zu kurze Putts.

Ich habe nur gegen einen Gegner freiwillig verloren, und zwar zweimal. Er war der Chef eines Unternehmens bei Frankfurt und einer meiner besten Kunden. Er war zehn Jahre jünger als ich und auf dem Platz zehn Mal ehrgeiziger. Er hielt sich für einen sognannten Winner-Typen, und zwar in allen Lebenslagen. Er hatte für sein Können ein viel zu tiefes Handicap, aber ein tiefes Handicap war ihm aus Prestigegründen wichtig. Weiß der Teufel, wo er dieses Handicap her hatte.

Es ist schwierig, zu verlieren, wenn man zusätzlich das zu tiefe Handicap des Gegners zu neutralisieren hat. Aber er kam mir insofern entgegen, indem er es mit dem Zählen nicht so genau nahm und mitunter eine Sechs als Fünf deklarierte. Ich schrieb natürlich die Fünf sofort auf die Karte.

Ich tat mein Bestes und schaffte jeweils eine knappe Niederlage.

Amüsant war nun, wie er mich hinterher gönnerhaft tröstete. Erst sagte er: „Sie hatten heute wirklich nicht Ihren besten Tag. Aber machen Sie sich nichts draus – so ist Golf nun mal."

Beim zweiten Mal sagte er: „Sie hatten heute wirklich viel Pech bei Ihren Schlägen. Aber machen Sie sich nichts draus – so ist Golf nun mal."

Sie halten mich nun womöglich für einen Charakterlumpen, und ich kann das durchaus verstehen. Ich möchte zu meiner Verteidigung nur anführen, dass meinem Ego Golf nicht dermaßen wichtig ist, dass mein Ego ständig gewinnen muss.

Ich rate Ihnen darum, es mir gleichzutun. Lassen Sie Ihren Golffreund, den Sie im Matchplay sonst immer schlagen, an seinem Geburtstag einmal gewinnen. Verlieren Sie am Valentinstag einmal vorsätzlich gegen Ihre Frau. Lassen Sie Ihren Vorgesetzten gewinnen. Sie werden drei Leute glücklich machen, und Ihr Ego wird es überleben.

In meinem Fall bekam ich den Anschlussauftrag, hinter dem ich her war. Aber womöglich hatte es mit meinen Darbietungen auf dem Platz nichts zu tun. Beim Mittagessen nach der Vertragsunterzeichnung sagte der Vorstandsvorsitzende in Frankfurt zu mir: „Sie sind zwar kein sehr guter Golfspieler, aber dafür ein ziemlich guter Unternehmensberater."

„Danke", sagte ich.

015 Was ist wichtiger, Richtung oder Länge?

Es ist eine der beliebtesten Diskussionen im Klubhaus. Es stehen sich dabei zwei Lager diametral gegenüber.

Das eine Lager sind die Präzisions-Anhänger. Sie sagen: Die Richtung zählt. Je präziser Du spielst, umso besser spielst Du.

Das andere Lager sind die Distanz-Anhänger. Sie sagen: Die Länge zählt. Je weiter Du schlägst, umso besser spielst Du.

Wir können die Diskussion schnell beenden. Es gibt eine Vielzahl wissenschaftlicher Untersuchungen darüber, ob im Golf die Präzision oder die Länge wichtiger ist. Das Resultat ist absolut eindeutig.

Präzision ist im Golf irrelevant.

Das mag nun manche überraschen, aber bevor ich das im Detail aufzeige, werfe ich Ihnen ein paar Namen zu. Die Namen sind Adilson da Silva, Siddikur Rahman, Terry Pilkadaris und Paul Peterson.

Nie gehört, werden Sie nun sagen. Da haben Sie Recht. Es sind die Namen der Spieler, die an den Turnieren in Europa die größte Präzision haben. Ihre Abschläge landen bis zu achtzig Prozent mitten auf dem Fairway. Aber alle haben noch nie ein Turnier gewonnen.

Die Turniere gewinnen die Spieler, die draufhauen und dann halt im Kraut liegen. Es gibt Sieger von großen Turnieren, die pro Runde nur fünf Fairways getroffen haben.

Die Länge ist viel wichtiger als die Richtung. Diese Erkenntnis verdanken wir vor allem Mark Broadie. Er ist Professor an der Columbia

Business School. In den USA nennen sie ihn den „Statistik-Guru". Broadie hat Zehntausende von Schlägen von Golfprofis und Golfamateuren analysiert. In seinem Buch mit dem Titel „Every Shot Counts" hat er seine Resultate zusammengefasst. Das Buch dreht sich um Golf, aber es schaut mit all den Tabellen aus wie ein Mathematik-Lehrgang.

Das Resultat der Studie. Erstens: Entscheidend im Golf ist die Länge und nicht die Präzision. Zweitens: Noch entscheidender als bei den Profis ist die Länge bei den Freizeitspielern. Für uns Normalos ist nicht so wichtig, ob wir auf dem Fairway oder im Rough liegen, Hauptsache, wir liegen möglichst weit vorne.

Wenn es uns Alltagsgolfern gelingt, beim Abschlag auch nur schon 15 bis 20 Meter länger zu werden, so zeigt die Statistik glasklar, werden wir unser Handicap merklich verbessern.

Bei den Profis ist der Befund derselbe. Nur 20 Prozent der Turniere werden von Spielern gewonnen, die präzise und akkurat schlagen. Die sogenannten „Bomber", wie man die lange Hau-Drauf-Truppe nennt, sind die großen Sieger. Bei uns Durchschnittsspielern ist noch wichtiger, dass wir beim Abschlag krachend draufhauen, weil unsere zweiten Schläge oft nicht die nötige Länge haben.

Vor dreißig Jahren wurden nicht 20 Prozent, wie heute, sondern noch 46 Prozent der Turniere von Spielern mit hoher Präzision gewonnen. Hier spiegelt sich der Wandel des Materials. Die neuen Schlägertypen, tolerante Eisen und Rescues, erlauben heute, den Ball auch aus schwierigen Lagen nahe an die Fahne zu spielen. Auch das spricht für vollen Kampfeinsatz, ohne Rücksicht auf Verluste. Wenn wir mit dem Monsterdrive dann halt im Kraut landen, dann halt mit einem weiteren Monsterschlag wieder raus aus dem Kraut.

Ich habe diese statistischen Längen-Studien jeweils mit großem Vergnügen gelesen. Ich dresche seitdem heftiger als früher drauf: Länge ist alles. Und ob Sie's glauben oder nicht. Ich bin zwar nicht mehr der Jüngste, aber ich habe mit meiner neugefundenen Bomber-Mentalität mein Handicap wieder etwas heruntergespielt.

Der legendäre Arnold Palmer, um 1960 der populärste Golfer der Welt, hatte diese Weisheit schon immer verkündet. Sein Leitspruch war: „Hit it hard, go find it and hit it hard again." Auf Deutsch: Hau voll drauf, dann geh und finde ihn, und hau wieder voll drauf.

016 Darf ich mich auf dem Golfplatz betrinken?

Warum sind die Schotten bei der Erfindung des Golfplatzes ausgerechnet auf 18 Löcher gekommen? Die Erklärung ist einfach. Eine Flasche schottischen Whiskys enthält genau 18 Schuss Alkohol. Wenn die Schotten auf der Runde ihre 18 Shots von ihrem Glenfiddich oder Lagavulin intus haben, ist die Flasche leer und gleichzeitig auch das Spiel zu Ende.

Vielleicht ist die Geschichte nur gut erfunden, aber sie zeigt uns einen bemerkenswerten Zusammenhang. Golf und Alkohol gehören untrennbar zusammen.

Ich sage ihnen später auch weshalb.

Zuerst einmal kommen wir zur Bestandsaufnahme. Außerhalb Schottlands ist das am meisten verbreitete Getränk auf den Spielbahnen das Bier. Darum kurven in durstigen Golfländern wie USA und Spanien dauernd diese kleinen Wagen mit den Beer Girls herum, die für permanenten Nachschub an Budweiser und San Miguel sorgen. Auch in Europa wird die Sitte immer populärer.

Neben dem Bier ist fast immer Hochprozentiges mit auf der Runde, genannt Birdie-Wasser. Das Birdie-Wasser besteht in der Regel aus Whisky oder Rum. Nach jedem erzielten Birdie macht der Flachmann im Flight die Runde. Weil in unseren Flights die Birdies nicht allzu häufig sind, haben wir uns darauf verständigt, sie bei längeren Löchern durch ein Par-Wasser zu ergänzen.

Auf der letzten Runde machte Heinz den konstruktiven Vorschlag, den schönen Brauch auf ein Bogey-Wasser auszudehnen. Das wurde dann allerdings mit drei zu eins Stimmen abgelehnt.

Dürfen Sie sich auf dem Golfplatz etwas betrinken? lautete die Eingangsfrage. Ja, Sie dürfen. Sie dürfen es aus sportlichen wie sozialen Gründen.

Das Magazin „Golf Digest" hat den Test gemacht und gemessen, wie sich Golfspieler nach zwei, vier, sechs und acht Drinks verhalten. Gibt es das sogenannte „Schwung-Öl" wirklich?

Mit mehr Alkohol, so das Resultat, werden die Drives merklich länger, weil der Spieler entspannter ist. Aber die Drives werden ab dem vierten Drink auch deutlich ungenauer.

Auf den Approach, das Chippen und das Putten hat Alkohol keinen großen Einfluss, auch in respektablen Mengen nicht. Aus rein sportlichen Gründen gibt es also keinen Grund, topfnüchtern über den Platz zu trollen. Und auf der internationalen Doping-Liste ist Alkohol auch nicht aufgeführt. Nur im Schießsport ist Alkohol noch verboten, weil er bei geringen Mengen die Hand ruhiger macht.

Golf, darum gehört Alkohol dazu, ist ein social game. Es ist eine Party. Bei keinem anderen Sport sind wir gemeinsam derart lange zusammen unterwegs, bei keinem anderen Sport reden wir so viel miteinander, und zwar nicht nur über Golf, sondern auch über die Dinge des Lebens.

Golf ist der einzige Sport, bei dem wir während des Sports über Dinge reden, die nichts mit dem Sport zu tun haben.

Ein Golf-Flight ist darum wie ein Restauranttisch, der sich über eine Grünfläche bewegt. In einer Runde im Restaurant gehört eine ordentliche Flasche nun mal dazu.

Einen guten Scherz zum Thema habe ich mal auf einem Platz in England miterlebt. Wir hatten auch schon einiges geschluckt, da sagte ein Engländer im Polizei-Tonfall zum andern: „If you drink, don't drive."

„Ok", sagte der andere, „dann drive ich nicht, sondern schlag mit einem Eisen ab."

017 Wer ist der beste Golf-Philosoph?

Golf ist eine schreckliche Beschäftigung, wie wir alle wissen. Erst gelingt uns ein Zauberschlag, dann gelingt uns ein Jammerschlag. Mal so, mal so. Welche der zwei Varianten es wird, wissen wir immer erst nach dem Schlag.

Diese schreckliche Beschäftigung ist darum nur mit einer hohen Dosis an Galgenhumor zu ertragen, mit Witz, mit schrägen Sprüchen und mit Golf-Philosophie. Alle guten Golfer, die ich kenne, können über sich selber lachen.

Damit wären wir bei Lee Trevino. Kein anderer Spitzengolfer hat so viele amüsante Bonmots zu unserer schrecklichen Beschäftigung beigesteuert. Trevino wuchs als mausarmes Kind mit seiner mexikanischen Mutter in Texas auf. Mit 14 verließ er die Schule und begann als Caddie zu arbeiten. Sein Onkel schenkte ihm einen alten Schläger und ein paar Bälle. Trevino brachte sich alles selber bei. Seine Eigenheit war eine gewaltige Hüftdrehung und eine enorm tiefgelegte Schwungebene.

Trevino war einer der besten Spieler aller Zeiten und in den siebziger Jahren der große Rivale von Jack Nicklaus. Mindestens so gut wie sein Schwung war sein Mundwerk.

Von Lee Trevino können wird lernen, wie wir gute Golfer werden. Wir werden gute Golfer, wenn wir heitere Golfer werden. Ich stelle Ihnen gern meine zehn Favoriten von Trevino vor.

Lee Trevino über Begabung: „Es gibt nichts Schöneres, als Talent im Golf zu haben. Talent entsteht, wenn man Millionen von Golfbällen schlägt."

Trevino über die typische Golfer-Karriere: „Je älter ich werde, desto besser bin ich gewesen."

Lee Trevino über Druck im Golf: „Druck ist, wenn du um fünf Dollar pro Loch spielst und nur zwei Dollar in deiner Hosentasche hast."

Lee Trevino über das Privatleben: „Meine Scheidung kam für mich völlig überraschend. Ich war ja 18 Jahre lang ständig auf dem Golfplatz."

Lee Trevino über Golf und Gott: „Es gibt zwei Dinge, die man mit gesenktem Kopf tun sollte. Golfspielen und beten."

Lee Trevino über das Putten: „99 Prozent der Putts, die zu kurz sind, gehen nicht ins Loch."

Lee Trevino über Golflehrer: „Ich hatte nie eine Golfstunde. Wenn ein Golflehrer mich über 18 Loch schlägt, dann würde ich auf ihn hören."

Le Trevino über schlechte Golf-Phasen: „Ich bin so häufig im Wald, ich weiß sogar schon, welche Pflanzen essbar sind."

Lee Trevino über Konstanten im Golf: „Ich schwinge immer genau gleich, nur der Ball geht in verschiedene Richtungen."

Und zum Schluss Lee Trevino über Golf im Allgemeinen: „Golf ist der beste Spaß, den man in Kleidern haben kann."

018 Hilft Beten auf dem Golfplatz?

Vermutlich kennen Sie den schon. Drei Männer spielen Golf, wie sie so oft zusammen spielen. Sie stehen vor einem Wasserhindernis.

Der erste haut in den Boden und der Ball fliegt in den Teich. Da teilt sich das Wasser, er geht zum Ball und chippt ihn Richtung Grün.

Der zweite haut in den Boden und der Ball fliegt in den Teich. Er geht übers Wasser und chippt den Ball Richtung Grün.

Der dritte haut in den Boden und der Ball fliegt in den Teich. Ein Fischreiher stürzt sich auf den Ball, flattert übers Green, lässt den Ball fallen und der Ball liegt tot an der Fahne.

Moses sagt zu Jesus: „Ich hasse es, mit Deinem Vater zu spielen."

Gott, so lernen wir daraus, ist auf dem Golfplatz auch nur ein Mensch. Wenn es irgendwie geht, versucht auch er an der Grenze der Legalität seinen Score möglichst tief zu halten.

Auf Gott ist auf dem Golfplatz wenig Verlass. Wenn er Wunder tätigt, dann nur in eigener Sache, etwa beim Trick mit dem Fischreiher. Göttliche Wunder gegenüber Dritten hingegen gibt es nicht. Auch Pater Billy Graham, der berühmte amerikanische Erweckungsprediger, genannt „das Maschinengewehr Gottes", wusste das genau. „Der Herr erhört meine Gebete überall", sagte er einmal, „nur auf dem Golfplatz nicht."

Und warum erhört Gott die Gebete auf dem Golfplatz nicht?

Beten hilft dort, wo Gott Mitleid hat. Darum funktioniert das an Wallfahrtsorten, wo nach heftigen Gebeten die Gebrechlichen jeweils aus dem Rollstuhl schnellen oder die Blinden wieder sehen können.

Einen Gebrechlichen oder einen Blinden zu heilen – das traut sich Gott jederzeit zu. Als er in Galiläa herumzog, schreibt etwa der Evangelist Matthäus, „heilte er im Volk alle Krankheiten und Leiden."

Auf dem Golfplatz hat Gott kein Mitleid. Damit ist auch klar, warum Beten auf dem Golfplatz nichts hilft. Es gibt eine Krankheit und ein Leiden, von dem Gott die Finger lässt. Aus einem schlechten Golfer einen guten Golfer zu machen – das traut nicht einmal Gott sich zu.

Er weiß es aus eigener Erfahrung. Er weiß, wie es ist, wenn Du vor einem Teich stehst und in den Boden haust.

019 Wie jubelt man richtig?

Zugegeben, es war ein schöner Chip and Run, der Bernhard geglückt war. Aus etwa zwanzig Metern vor dem Grün hüpfte der Ball erst kurz in die Luft, rollte dann sanft aus, wurde langsamer und – plopp – verschwand im Loch. Zufall zwar, aber trotzdem schön.

Nun ging Bernhard in die Knie, ballte die Faust, fuhr den rechten Unterarm mehrmals aus und zurück, als wolle er einen Baumstamm zersägen, und gab dazu einen Laut von sich, der ungefähr wie „Woooaaauh!" tönte.

Ich schaute zu und grinste. Bernhard fühlte sich darum zu einer Erklärung genötigt. „Genauso habe ich es im Fernsehen gesehen", sagte er.

„Vermutlich hast Du Fußball geschaut", sagte ich.

Es ist ja auffällig, wie sehr sich Sportarten bei ihren Jubelgesten unterscheiden. Wir könnten von einer Jubelskala sprechen.

Die wildesten Jubler sind sicherlich die Fußballer. Nach einem Treffer drehen sie Pirouetten in der Luft, reißen sich das Hemd vom Leib, machen Überschläge und gleiten auf den Knien meterweise über den Rasen. Dann fallen die anderen zehn im Rudel über den Torschützen her.

Große Jubler sind ebenfalls die Eishockeyspieler, die sich nach einem Tor in einer Art Polonaise abklatschen, die Boxer, die auf die Seile steigen und sich gorillamäßig auf die Brust klopfen und die Sprinter, die sich nach dem Lauf auf die Kunststoffbahn knien und theatralisch den Boden küssen.

Schwache Jubler sind hingegen etwa die Ruderer und Eiskunstläufer, die nach einem Sieg bloß ein wenig ins Publikum winken oder die Pferdesportler, die nur kurz mit zwei Fingern den Helm antippen.

Golf gehörte lange zur zweiten Kategorie. Wenn früheren Größen wie Ben Hogan, Jack Nicklaus oder Tom Watson ein famoser Schlag gelang, hoben sie bloß die Mütze ein wenig an und grüßten kurz ins Publikum.

Das hat sich gewaltig geändert. Heute reißen die Profigolfer die Arme hoch, springen in die Luft, ballen die Faust, fahren den Arm aus und klatschen sich mit ihren Caddies ab. Die Amateure machen es ihnen natürlich nach. High Five etwa ist heute die Standard-Geste nach einem geglückten Putt.

In den veränderten Ritualen bildet sich der Wandel der Golfkultur ab, die sich von einem Elitesport auf abgeschiedenen Plätzen zu einem Massen- und TV-Sport gewandelt hat.

Mir gefällt der Wandel, weil er zu meiner Philosophie von Golf passt – als einer Mischung von Sport und Party. Ich amüsiere mich darum sehr, wenn die Spielpartner nach einem Birdie in die Luft springen und das Birdie mit geballter Faust feiern.

Ich selber allerdings bin beim Jubeln eher zurückhaltend. Das hat einen einfachen Grund. Birdies sind bei mir eher selten.

020 Darf ein Mann zitronengrüne Hosen tragen?

Der amerikanische Schauspieler Samuel L. Jackson, der durch den Film „Pulp Fiction" berühmt wurde, hat zum Thema Golf-Mode einen treffenden Kernsatz gesagt.

Er sagte: „Limettengrüne Hosen und Schuhe aus Krokoleder – der Golfplatz ist der einzige Ort, wo ich wie ein Zuhälter rumlaufen kann, ohne weiter aufzufallen."

Darf ein seriöser Mann also in knallgrünen Hosen auf dem Golfplatz rumlaufen? Die Antwort ist schnell gegeben. Es ist Pflicht.

Der Golfplatz und der Fasching sind die zwei einzigen Gelegenheiten, wo wir erwachsenen Erdbewohner uns verkleiden. Warum? Golf und Fasching haben gemeinsam, dass sie Gegenentwürfe zum Alltag sind. Man ist in Gesellschaft, alle sind etwas aufgedreht, amüsieren sich, machen Witze, schäkern und lachen

Dazu tragen wir Kostüme. Beim Golf wie beim Fasching signalisiert der äußere Auftritt die innere Gemütslage. Beide sind fröhlich und farbig. Versuchen Sie mal, sich in einer dunkelbraunen Hose und einem dunkelgrauen Hemd bestens zu amüsieren. Mit diesem traurigen Kostüm wird das schwierig.

Dennoch bleiben für den Mann von Welt auf dem Golfplatz ein paar Fragen zum Tenü. Sollen wir eine limettengrüne Hose und dazu ein oranges Poloshirt wählen? Oder doch besser eine feuerrote Hose und ein gelbes Poloshirt mit violetten Punkten?

Für die Dame von Welt stellt sich die Frage weniger. Die kommt sowieso daher wie ein Pink Panther, ein Grasfrosch oder ein Papageienfisch.

Der Trend zur Buntheit und Lockerheit auf dem Platz ist eher neu. Erst gegen Ende der fünfziger Jahre kamen bei den Männern die Poloshirts auf, welche die vorher üblichen Hemden mit Krawatte ersetzten. Um 1980 erst kam die Farbe auf den Platz und löste das vorher dominierende Weiß, Beige und Grau ab. Profispieler wie Seve Ballesteros, Johnny Miller und Jesper Parnevik waren die Trendsetter, die bei Turnieren plötzlich in Knallrot, in Hellblau und gar rosarot gepunktet auftraten.

In meiner langjährigen Beobachtung der Farbenpsychologie gibt es zwei Elemente, die sich immer wiederholen.

Erste Beobachtung: Buntfarbige Mitspieler sind fast immer sehr anregende Gesprächspartner. Mit ihnen dreht es sich zwischen den Schlägen um schnelle Autos, um Wein, um Reisen und Kultur. Der Typ, der mit einer graubraunen Hose und einem schlammfarbenen Shirt aufkreuzt, erzählt uns hingegen vier Stunden lang von seinem Büroalltag und seinem Gemüsegarten.

Zweitens: Buntfarbige sind fast immer die besseren Spieler als die Golfer in Grau. Ich habe allerdings bis heute nicht eindeutig herausbekommen, was hier Huhn und was Ei ist. Kleidet man sich farbig, wenn man besser spielt? Oder spielt man besser, wenn man sich farbig kleidet?

Ich neige zur These zwei. Wer in einem knallbunten Outfit antanzt, der muss ein lockerer und entspannter Typ sei. Locker und entspannt zu sein, ist die Grundregel für erfolgreiches Golf.

021 Welches ist der wichtigste Schlag im Golf?

Beginnen wir mit etwas Statistik. Wie viele Schläge, und welche Art von Schlägen, brauchen wir auf einer Golfrunde?

Wir nehmen als Beispiel einen durchschnittlichen Spieler mit Handicap 20.

Im Durchschnitt braucht ein Spieler mit Handicap 20 auf einem normalen Platz die folgenden Schläge, wobei wir von zehn Par 4, vier Par 5 und vier Par 3 ausgehen.

Drives: 14
Pitches und Chips: 17
Eisen und Fairwayhölzer: 25
Putts: 36

Damit wäre die Frage beantwortet. Der wichtigste Schlag im Golf ist der Putt, der unwichtigste Schlag im Golf ist der Abschlag mit dem Driver oder einem etwas kleineren Holz.

Daraus kann man schließen, dass wir auf der Driving Range die wichtigsten Schläge üben sollten. Eine Stunde auf der Range müsste demnach bestehen aus: 9 Minuten Abschläge trainieren, 11 Minuten Chips und Pitches trainieren, 16 Minuten Eisen und Fairwayhölzer trainieren, 24 Minuten Putts trainieren.

In der Realität, wie wir alle wissen, ist es ziemlich umgekehrt. Niemand von uns verbringt fast die Hälfte der Übungszeit mit Putten. Für die meisten von uns ist der Putt der langweiligste Schlag in unserem Spiel. Der attraktivste Schlag hingegen ist der Drive.

Das ist das Problem beim Golf. Die Wichtigkeit der Schläge ist umgekehrt proportional zur Attraktivität der Schläge. Es gibt kaum etwas Schöneres als ein perfekt getroffener Abschlag vom Tee, der majestätisch durch die Lüfte segelt. Darum üben wir das auf der Driving Range auch so gerne. Aber diese blöden Putts aus zwei Metern und diese blöden Chips aus zwanzig Metern – das üben wir dann auf dem Platz.

Bei den Profis ist es umgekehrt. Sie putten stundenlang. Und sie trainieren stundenlang mit den kleinen Eisen. Denn ihre Statistik sieht sehr anders aus als die von uns Amateuren.

Nehmen wir die Statistik der Spitzenspieler, die einen Platz im Durchschnitt mit zwei Schlägen unter Par, also mit 70, absolvieren. Sie brauchen folgende Schläge, wobei wir alle ihre Abschläge als Drives bezeichnen.

Drives: 14
Pitches und Chips: 7
Eisen und Fairwayhölzer: 21
Putts: 28

Wir sehen. Auch bei den Profis ist der Putt der häufigste Schlag. Allerdings brauchen sie viel weniger Chips und Pitches vom Fairway und aus dem Sand als wir, weil sie in siebzig Prozent der Fälle mit dem ersten oder zweiten Schlag auf dem Grün landen.

Nun kann man einwenden, dass alle Schläge gleich wichtig seien. Ohne einen guten Drive wird der zweite mit dem Eisen oder dem Hölzchen ein Problem, ohne ein gutes Eisen, wird der Chip zum Problem, ohne guten Chip wird der Putt zum Problem.

Stimmt schon. Wir verständigen uns darum am besten auf jene Erfahrung, die wir Golfer seit sechs Jahrhunderten machen. Welches ist der wichtigste Schlag im Golf?

Der wichtigste Schlag im Golf ist der nächste.

022 Wie bewegt man sich in diesen Luxus-Klubs?

Wir wünschen uns ja alle, dass wir es mal in einen dieser piekfeinen Klubs schaffen, wo man nur auf persönliche Einladung der piekfeinen Klubmitglieder spielen darf, wo die Klubhäuser in der Regel Barockschlösser sind und wo die piekfeinen Kellner im Klubrestaurant auch im Sommer weiße Handschuhe tragen.

In Großbritannien sind es Klubs wie Loch Lomond, in den USA Klubs wie Merion, in Frankreich Klubs wie Morfontaine.

Ich habe es inzwischen ein paarmal geschafft. Aber als ich es das erste Mal geschafft hatte, es war in England, habe ich mich gleich arg blamiert.

Wir gingen nach der Runde in die Bar, ich hatte wie geheißen ein Jackett an, wir ließen uns in diese tiefen Brokatsessel sinken, und ich stellte meine kleine Herrentasche neben den Sessel. Die Tasche war aus bestem Büffelleder.

Es dauerte keine zwei Minuten und ein Livrierter stand neben mir. Er schaute mich von oben nach unten verächtlich an und sagte nur drei Worte: „Your bag, Sir."

Auf Deutsch übersetzt hieß das: „Was ist das für eine scheußliche Tasche, sowas ist in unserer Bar nicht geduldet, womöglich sind hier sogar ihre stinkenden Socken drin, Sie ungezogener Flegel."

Ich rannte also in die Garderobe zurück, um das Drecksstück loszuwerden. Der Livrierte schaute mir mit einem Blick hinterher, als hätte er soeben einen Leichenschänder auf frischer Tat ertappt.

Ähnliche Erfahrungen möchte ich Ihnen ersparen. Ich sage Ihnen darum, auch wenn Sie mich für einen Schulmeister halten, was Sie in Luxusklubs tun und auf keinen Fall tun dürfen.

Also: Anfahrt besser mit Limo als mit Taxi. Visitenkarten mitnehmen. Auf dem Platz Männer nur in langen Hosen, in Ausnahmefällen in Bermudas mit Kniestrümpfen, Poloshirt unter dem Gürtel. Frauenröcke nur zwei Zentimeter über dem Knie, auf keinen Fall schulterfrei, Shirt nicht über dem Rock. Keine Jeans, auch nicht von Armani. Für beide Geschlechter sofortiges Ausschalten des Handys noch auf dem Parkplatz. Auf keinen Fall Handy auf den Tisch legen. Bei Fotos um Erlaubnis fragen. Keine Golfschuhe und Sportschuhe im Klubhaus. Männer im Klubhaus immer mit langärmligen Hemden und im Jackett und mit Krawatte. Frauen auf keinen Fall in T-Shirts, auch nicht von Chanel, sondern mit Bluse, dazu Jacke oder Schal. Unbedingt vorheriges Erkundigen wie die Trinkgeldregeln sind und genügend Bargeld dabeihaben. Keine persönlichen Effekten mitnehmen außer Damenhandtaschen. Bier nur auf der Klubhausterrasse, aber an der Klub-Bar und im Klub-Restaurant nur Cocktails, Wein, Wasser und Spirits. Keine Zigaretten, nur Zigarren und allenfalls Zigarillos für die Damen. Am nächsten Tag Dankesbrief auf Papier oder notfalls per E-Mail.

Und gut wäre vielleicht noch, wenn Sie nach einem missratenen Schlag das Eisen nicht mit voller Gewalt in die Spielbahn hacken würden. Denn die Spielbahn ist keine Spielbahn, sondern ein Zierteppich.

War ja nicht sehr kompliziert und ist leicht zu merken. Gehen Sie einfach auf den Golfplatz als würden Sie ins Opernhaus gehen.

023 Wie abgeklärt sollen Golfer sein?

Golfer haben ein Problem, das Golferinnen nicht haben. Golfer wollen abgeklärte Typen sein.

Ich erkläre Ihnen den Unterschied zwischen männlichen Golfern und weiblichen Golferinnen an zwei Beispielen.

Mein gelegentlicher Mitspieler Helmut ist leider nicht mit allzu viel Talent gesegnet, denn er ist 130 Kilogramm schwer. Aber natürlich, wie bei allen von uns, gelingt auch ihm von Zeit zu Zeit ein richtig famoser Schlag. Dann haut auch er einen Weltklasse-Ball in Richtung Green, der Ball segelt perfekt durch den Himmel und rollt dreißig Zentimeter nah an die Fahne.

Und was tut Helmut jetzt? Er verzieht keine Miene. Kein Lächeln, nichts. Er tut so, als ob dieser Wunderschlag die normalste Sache der Welt wäre. Keine Rede wert. So ein abgeklärter Typ bin ich.

Ich beobachte das bei männlichen Golfern immer wieder. Es gelingt ihnen mal ein grandioser Schlag. Sie müssten nun ekstatisch in die Luft springen und dann drei Purzelbäume schlagen. Aber was tun sie? Sie geben sich leicht desinteressiert und schauen gelangweilt in die Luft, denn sowas ist ja der Normalfall.

Meine gelegentliche Mitspielerin Nadine ist da ganz anders. Sie ist eine glänzende Golferin, durchtrainiert, Handicap sechs. Aber wenn ihr ein deftiger Drive gelingt, dann jauchzt sie wie eine Jodlerin, grüßt den Himmel und führt uns auf dem Abschlag ein Tänzchen vor.

Ich beobachte das bei weiblichen Golferinnen immer wieder. Frauen freuen sich über einen schönen Schlag, sie jubeln und lachen, sie wollen keine maskuline Selbstkontrolle demonstrieren.

Kommen wir zum umgekehrten Fall. Wenn Männern mal ein Schlag misslingt, was dummerweise nicht allzu selten ist, dann geraten manche außer sich. „Scheiße!" rufen sie dann und hacken mit dem Gerät in den unschuldigen Rasen. Manchmal stauchen sie auch die Mitspieler zusammen, weil die zu laut geatmet hätten.

Frauen nehmen das leicht. Ich habe noch nie eine Frau gesehen, die einen Schläger fauchend ins Gebüsch geworfen hat. Männer schon.

Ich plädiere darum bei meinen männlichen Golfkollegen für eine Schubumkehr. Bei einem schlechten Schlag, also dem Regelfall, dann muss man souverän sein. Bei einem schlechten Schlag verzieht man keine Miene. Man ist desinteressiert. Man tut so, als ob ein schlechter Schlag die normalste Sache der Welt wäre. Keine Rede wert. So ein abgeklärter Typ bin ich.

Bei einem tollen Schlag hingegen sollte man als Mann nicht abgeklärt sein, sondern erhitzt. Machen Sie es darum wie Nadine. Jauchzen Sie wie ein Jodler, grüßen Sie den Himmel und führen Sie uns auf dem Abschlag ein Tänzchen vor.

Ok, im Fall von Helmut, 130 Kilogramm schwer, können wir allenfalls auf das Tänzchen verzichten.

024 Warum ist die Platzreife ein Quatsch?

Der Satz ist einleuchtend, aber es ist erstaunlich, wer diesen Satz sagt.

Der Satz lautet: „Der beste Platz, um ein Golfer zu werden und das Spiel zu lernen, ist der Golfplatz und nicht die Driving Range".

An alle Golf-Anfänger folgt dann der Ratschlag, wie man das konkret umsetzt. Man wendet sich an einen Freund, der bereits Golf spielt, leiht sich von ihm ein paar Schläger, wählt eine Zeit, wenn wenige Leute auf dem Golfplatz sind, geht mit dem Freund auf den Platz und lässt sich von ihm zeigen, wie Golf geht. Dann versucht man, ein paar Löcher zu spielen.

Das Erstaunliche an dieser Aussage ist, wer sie macht. Es ist die PGA, der Verband der Golf-Professionals der USA. Der größte Teil der Mitglieder sind Golflehrer.

Von einem Verband der Golflehrer würde man eine andere Aussage erwarten. Das wichtigste seien möglichst viele Golfstunden beim Pro.

Daran zeigt sich der Unterschied von angelsächsischen Ländern zu deutschsprachigen Ländern. Für Amerikaner und Briten ist es das wichtigste, die Leute erst mal auf den Platz zu bekommen, damit sie Spaß am Golfspiel finden. Später will jeder Golfer dann ein besserer Golfer werden und wird darum automatisch die eine oder andere Golfstunde buchen.

Bei uns ist es genau umgekehrt. Hier steht der Verdienst der Pros im Vordergrund. Beim deutschen Golf-Verband etwa steht in seiner Einsteiger-Broschüre gleich zu Anfang: „Ihre ersten Abschläge machen Sie unter Anleitung eines Golflehrers, dem Pro, der eine dreijährige Ausbildung absolviert hat." Denn die Driving Range sei „unverzichtbarer Teil des Golfspiels".

Ich glaube eher, der unverzichtbare Teil des Golfspiels ist der Golfplatz.

In Deutschland, Österreich und der Schweiz dürfen Anfänger nicht auf den Platz. Sie dürfen keinen Spaß an einer schönen Golfanlage bekommen. Wo kämen wir da hin? Nein, sie müssen zuerst eine polizeiliche Prüfung ablegen. Die Prüfung hat, wie bei der amtlichen Führerscheinprüfung einen theoretischen und einen praktischen Teil.

Besonders lächerlich ist der theoretische Teil. Da geht es etwa um so irreale Fragen, ob ein toter Frosch aus dem Bunker entfernt werden dürfe und ob man schnäuzen dürfe, wenn der Partner puttet. Was soll der Quatsch?

Die praktische Prüfung ist ähnlich albern. Da müssen die Kandidaten ein paar Löcher mit maximal drei Schlägen über Par hinter sich bringen. Es konnte mir noch kein Mensch je erklären, warum man mit drei über Par auf den Golfplatz darf, mit vier über Par aber nicht.

Außerhalb Europas, etwa in Großbritannien, USA, Australien, Südamerika und Asien, gibt es dieses Prüfungsfieber nicht. Hier nimmt man ein paar Golfstunden und dann wird man vom Golfpro auf die Spielbahnen und Grüns gescheucht. „Schnell raus da", sagt er, „Golf lernst Du nur auf dem Platz."

Es ist klar, warum es bei uns diese Prüfungen und den ganzen Zauber darum herum gibt. Der deutsche Golfverband, genauso wie seine Brüder in Österreich und der Schweiz, würden sonst ihre Existenzberechtigung praktisch verlieren. Das Golferleben soll sich auf Klubebene abspielen. Die Golfverbände können den Sport nur über die Klubs kontrollieren. Der einzelne Golfer wäre viel zu individualistisch und widerspenstig, um sich dirigistische Direktiven von oben gefallen zu lassen.

Die Klubs sind das Rückgrat des Sports. Sie könnten damit auch selber bestimmen, wer bei ihnen auf den Platz darf.

Ich ende darum mit einem Appell. Liebe Leser, setzen Sie sich bitte in ihrem Klub dafür ein, dass er diesen Prüfungs- und Polizei-Unsinn ersatzlos streicht. Sorgen Sie dafür, dass an ihrem Klubhaus nach angelsächsischem Vorbild eine Bronzetafel angebracht ist, auf der steht: „Bei uns darf jeder und jede auf den Platz. Herzlich willkommen."

025 Wie viele Probeschwünge sind ideal?

Golf ist ein schwieriger Sport, wie wir alle wissen. Gute Drives sind schwierig, gute Eisenschläge sind schwierig, gute Chips sind schwierig, gute Putts sind schwierig.

Zum Glück gibt es einen Schlag im Golf, der uns immer perfekt gelingt. Das ist der Probeschwung. Den können wir immer und jederzeit. Die meisten Amateurspieler haben tatsächlich wunderbare, lockere

Probeschwünge. Sie können auch sechs oder sieben wunderbare Probeschwünge hintereinander.

Aber warum klappt es dann im Ernstfall so oft nicht?

Bevor wir die Frage angehen, erst etwas Einordnung. Der Probeschwung ist die wohl skurrilste Ausprägung der Ballsportart Golf. Das gibt es sonst in keiner Sportart, dass einer auf dem Spielfeld die längste Zeit nur so tut, als ob.

Es ist, wie wenn ein Fußballspieler beim Freistoß nach vorne rennt und dann mit dem Fuß ein paar Zentimeter neben den Ball tritt. Dann geht er zurück, rennt erneut und haut erneut knapp am Ball vorbei. Erst beim fünften oder sechsten Anlauf tritt er wirklich gegen den Ball. Oder ein Tischtennisspieler tut drei- oder viermal so, als ob er einen Ball hochwerfen würde und schwingt dazu den Schläger symbolisch durch die Luft. Erst beim fünften Mal wirft er einen echten Tischtennisball hoch.

Genau darum klappt das nicht im Golf.

Der Fußballspieler beim Freistoß und der Tischtennisspieler beim Aufschlag müssen sich voll konzentrieren. Sie haben nur einen Versuch. Sie wissen, es zählt, und es zählt nur einmal.

Wir Golfspieler hingegen schieben erst ein paar unverbindliche Probeschwünge ein, bei denen gar nichts zählt, und dann, oh Gott oh Gott, kehren wir auf einmal auf die wirkliche Welt zurück. Jetzt zählt es. Der geschmeidige Probeschlag, bei dem der Schläger sanft über die Schulter ausklingt, verwandelt sich in der wahren Welt nun in einen verkrampften Hammer, der gewaltsam gegen den Ball klopft.

Sagen wir es so: Beim Probeschwung lebt der Golfer in der Illusion. Beim Ernstfallschwung lebt er in der Realität.

Kluge Golfexperten raten deshalb, bei uns Normalgolfern die Distanz zwischen Illusion und Realität möglichst zu verkürzen.

Probeschwünge sind etwas für sehr gute Spieler. Profis machen sechs oder sieben davon und nähern sich damit dem idealen Schwung an. Dann machen sie auch mit dem Ball denselben, idealen Schwung.

Wir machen auch sechs oder sieben Probeschwünge und nähern uns damit dem idealen Schwung an. Dann machen wir mit dem Ball einen völlig anderen Schwung.

Hobbygolfer wie wir machen am besten so wenige Probeschwünge wie möglich, am besten keinen oder einen.

Denn jeder Probeschwung mehr erweitert die Distanz zwischen Illusion und Realität, weil die Rückkehr von der geprobten Illusion in die faktische Realität zunehmend unüberbrückbar wird.

Ich könnte auch ganz einfach fragen: Warum treffen wir auf der Driving Range jeden Ball? Weil wir keine Probeschwünge machen.

Erinnern wir uns besser an die alte Theaterregel. Im Theater sagen sie: Eine verpatzte Probe wird eine gelungene Premiere.

Bei uns im Golf können wir sagen: Eine geglückte Probe wird eine verpatzte Premiere.

026 Ist eine Klubmitgliedschaft sinnvoll?

Nach dem Samstagsturnier und der Preisverleihung saßen wir im Klubhaus an den langen Tischen. Es gab erst einen Oktopus-Salat, dann Pappardelle mit Wildschweinragout, gefolgt von Apfelstrudel. Dazu tranken wir Sylvaner und Chianti.

Dann ging das Geratsche, Getratsche und Gelächter erst richtig los, und dann holte Klaus die Gitarre hervor und die Runde sang inbrünstig „Fiesta mexicana" und „Country Roads" und „Die Hände zum Himmel".

Ich ging so gegen zwei Uhr morgens. Ein paar Hartgesottene tranken und sangen weiter, bis es hell wurde und beschlossen dann beim Sonnenaufgang, eine Runde Golf zu spielen.

Das ist Klubleben, wie ich es liebe.

Nun ist das Klubleben bei vielen Golfern nicht mehr sehr populär. Der große Trend in Deutschland und Österreich ist die sogenannte Fernmitgliedschaft. Das ist die wachsende Gruppe der heimatlosen Golfer, heimatlos, weil sie keine feste Bleibe haben.

Fernmitgliedschaften bieten inzwischen eine Vielzahl von Klubs zwischen Wien und Hamburg an. Aber auch in Mallorca, in Südtirol, in Dänemark, England und den USA ist das Angebot riesig. Man spielt dann zwar nie im eigenen Klub, aber mit Greenfee sonst überall.

In etlichen Fernmitgliedschaften ist die Platzreife, und in Ländern, die das nicht kennen, das Handicap 36 gleich im Preis inbegriffen. Die Jahresgebühr liegt zwischen 100 und 400 Euro.

Nur in der Schweiz gibt es das nicht. Denn die pragmatischen Eidgenossen haben eine bessere Lösung gefunden. Wir kommen gleich darauf zurück.

Die Fernmitgliedschaft ist eine typische Verlegenheitslösung. Der deutsche und der österreichische Golfverband bestehen noch immer darauf, dass jeder Golfer und jede Golferin Mitglied in einem Klub sein muss. Ich halte diesen Zwang für absurd und undemokratisch.

Nun zu den Schweizern. Dort gibt es den Verband der unabhängigen Golfer. Es ist die Organisation der Spieler, die in keinem Klub Mitglied sind. Sie sind vom Golfverband voll anerkannt und den anderen Golfern gleichgestellt. Jeder dritte Golfer spielt inzwischen ohne Klub. Es kostet ihn 280 Euro im Jahr.

Ich plädiere dennoch dafür, Mitglied in einem Klub zu werden. Ich weiß, es ist teuer, in sehr guten Klubs beträgt die Aufnahmegebühr schnell einmal 10'000 Euro und mehr. Dazu kommt die Jahresgebühr.

Aber das Klubleben bringt Golf in eine andere Dimension. Aus einem sportlichen Umfeld wird ein soziales Umfeld. Es entsteht ein Gefühl der Zusammengehörigkeit, vielleicht sogar der Geborgenheit. Wir sind vereint als eine leichtbewaffnete Armee im Kampf gegen unseren arglistigen Platz da draußen vor der Tür.

Die Verbundenheit geht weit über die Partys mit Wildschweinragout und Country Roads-Gesängen hinaus. Viele Freundschaften entstehen auf dem Platz und im Klubhaus. Wie unter Freunden üblich, hilft man sich.

Wenn mir ein Bandscheibenvorfall in den Rücken schießt, dann rufe ich einen Arzt aus meinem Golfklub an. „Schau in einer Stunde rein", sagt er dann, „ich schiebe Dich zwischen zwei andere Patienten." Wenn mir eine Krone rausfällt, rufe ich die Zahnärztin an, mit der ich spiele. „Ich schließe die Praxis um sechs", sagt sie dann, „komm nachher noch vorbei." Und sogar der Anwalt in meinem Klub, der sonst nie Zeit hat, hilft mir aus der Patsche, wenn ich ein dringendes, geschäftliches Problem habe. Man hilft sich. In der Regel verlangen der Arzt, die Zahnärztin und der Anwalt kein Honorar von einem Freund aus dem Klub.

So, und nun wissen sie endlich, warum ich alle paar Jahre ein neues Golfbuch schreibe. Ich brauche ein Mitbringsel, um mich erkenntlich zu zeigen.

027 Wie wichtig ist das Handicap?

Beginnen wir mit einer einfachen Frage. Hat ein Golfer mit Handicap 36 weniger Spaß an Golf als ein Golfer mit Handicap 16?

Ich vermute, der Golfer mit Handicap 36 hat mehr Spaß an Golf. Denn er freut sich über jeden gelungenen Schlag. Der Golfer mit Handicap 16 hingegen ärgert sich über jeden misslungenen Schlag.

Schlechte Golfer haben oft mehr Grund zur Freude als gute Golfer. Ich kann mich noch gut erinnern, wie euphorisch ich war, wenn ich als Anfänger bei einem Par-4-Loch schon mit drei Schlägen auf dem Green lag. Heute bin ich mitunter schon unzufrieden, wenn mir das mit zwei Schlägen nicht gelingt.

Mit Handicap 16 allerdings ist man in Deutschland schon ein sehr guter Golfer. Man gehört zu den besten vierzehn Prozent.

Wir schieben zur Erläuterung eine Tabelle ein, wie sich die aktuellen Handicaps bei den Männern in Deutschland präsentieren. In anderen Ländern ist es vergleichbar.

Handicap bis 4,4	0,7 Prozent
Handicap 4,5 bis 11,4	4.7 Prozent
Handicap 11,5 bis 18,4	12,4 Prozent
Handicap 18,5 bis 26,4	20,7 Prozent
Handicap über 26,4	61,6 Prozent

Bei den Frauen ist das durchschnittliche Handicap noch höher. Hier haben sogar 72.9 Prozent der Spielerinnen ein Handicap von mehr als 26,4.

Fassen wir zusammen: Rund zwei Drittel der Golferinnen und Golfer, die wir auf der Runde antreffen, haben eine Vorgabe, die irgendwo zwischen 25 und 54 liegt.

Ich glaube, die meisten von ihnen sind glückliche Golfer. Sie spielen ohne viel Leistungsdruck, also zum reinen Vergnügen. So soll es sein.

Die Manie des sogenannten „Herunterspielens" ist – außer bei Einsteigern – nur bei besseren Spielern verbreitet. Sie verbringen Stunden auf der Driving Range und dem Putting Green, weil sie von Handicap 13,2 auf 12,2 runterkommen wollen. Besonders hektisch werden sie, wenn sie in den Bereich von etwa 11 vorstoßen. Dann winkt die

Chance, es mit noch härterem Training in die Gruppe der Single Handicapper zu schaffen.

Gratulation, sage ich dann ehrlich bewundernd. Selber allerdings sitze ich lieber mit Freunden im Klubhaus und hebe noch ein Glas. Ich war das letzte Mal vor einem Jahr auf einer Driving Range. Warum sollte ich? Um statt mit 87 Schlägen mit 85 Schlägen zurückzukehren?

Das Überdrehte an Golf ist, dass das Handicap bei vielen Spielern so stark mit Prestige belastet ist. Je tiefer das Handicap, so denken manche, umso höher sei ihr Sozialstatus im Klub. Das ist Unsinn. Der Sozialstatus im Klubhaus ermisst sich an den sozialen und nicht an den sportlichen Fähigkeiten der Mitglieder. Wer eine tolle Runde schmeißt, hat weit mehr Freunde als der, der eine tolle Runde spielt.

Manchmal muss man überlegen, wie die Sachlage ist. Das gilt auch beim Handicap. Sein einziger Zweck besteht darin, dass zwei Spieler unterschiedlicher Spielstärke um die Wette spielen können.

Erfunden wurde das Handicap von den praktischen Briten. Ein guter Golfer im Dorf wie der Pfarrer, der viel Zeit hatte, wollte auch mit schlechteren Golfern im Dorf spielen, die weniger Zeit hatten, etwa gegen den Hufschmied. Der Pfarrer hatte vielleicht Handicap 6, der Hufschmied hatte vielleicht Handicap 18. Wenn sie eine Runde um eine Flasche Whisky spielten, musste Chancengleichheit herrschen. Also gab der Pfarrer dem Hufschmied 12 Schläge vor.

Darum geht es beim Handicap. Es geht darum, dass zwei unterschiedliche Spieler fair um eine Flasche Whisky spielen können oder um eine Flasche Champagner oder um eine Handvoll Euro.

Das Handicap war historisch keine Prestigeangelegenheit, sondern eine praktische Problemlösung für einen Wetteinsatz. Daran sollten wir denken, statt daraus auf einmal eine Visitenkarte des Ehrgeizes zu machen.

Kurzum, das Handicap ist nur wichtig, wenn der Pfarrer gegen den Hufschmied spielt. Dann geht es um etwas. Sonst ist es egal. Das reine Handicap an sich hat keine Bedeutung. Es ist zwar ein Index der Spielstärke, aber nur von Interesse in Relation zu anderen Spielstärken.

Es sagt also einer stolz zu Ihnen: „Ich habe Handicap fünf". Sie sagen dann: „Schön. Ich habe Handicap zwanzig. Und worum spielen wir?"

028 Braucht es im Golf mentale Stärke?

Es gibt ein Wort, rund um unseren Sport, das ich nicht mehr hören kann. Das Wort heißt „mental".

Es ist das Modewort der Gegenwart. Mental, mental, mental.

Natürlich gibt es schon eine ganze Reihe von Büchern zum mentalen Thema. Die Bücher heißen „Golf Mental" oder „Mentales Training im Golf" oder „Golf mental – das Praxisbuch".

Wenn ich diesen Büchern glaube, dann sind wir Golfer ausnahmslos dringende Fälle für die Psychiatrie. Wir Golfer, so lese ich, werden von Ängsten gequält, von Selbstzweifeln heimgesucht, von Anspannungen geschüttelt und von Persönlichkeitskrisen überrollt.

Und nun folgen die guten Ratschläge, wie man all unsere psychischen Defekte beheben kann. Positives Denken, Motivation zum Sieg entwickeln, richtiger Umgang mit Emotionen, sich selber finden.

Sich selber finden? Ich finde es wichtiger, den Ball zu finden.

Brauchen wir Golfer wirklich allesamt einen Psychiater? Ich greife etwas vor. Gestern spielte ich mit Werner, Peter und Markus eine Männerrunde. Hinter uns spielten unsere Ladies.

Wir spielen unsere bewährte Formel: Anzahl der Schläge minus das Alter. Werner gab auf der zweiten Neun für jeden eine Zigarre aus, eine Partagas, ein gut gelagertes Kubakraut. Wir erzählten uns zwischen den Schlägen ein paar Geschichten aus unserem bewegten Leben. Wir redeten über Großprojekte, wie die Anschaffung eines neuen Gartengrills, über den neuen Italiener in der Innenstadt und natürlich über die Vorzüge der Ladies, die hinter uns spielen.

Wir spielten ganz anständiges Golf. Werner gewann, weil er einen richtig guten Tag erwischt hatte. Der Hund spielte Par um Par, wir hatten am Schluss keine Chance.

Wir drei anderen hatten dadurch natürlich ein sofortiges und schweres mentales Problem. Wir wurden von Ängsten gequält, von Selbstzweifeln heimgesucht, von Anspannungen geschüttelt und von Persönlichkeitskrisen überrollt.

Ich versuchte, noch auf dem Platz meinen Psychiater anzurufen. Ich erreichte ihn nicht, denn er war beim Golfspielen.

Wir können es uns einfach machen. Wer ein Buch kauft, das „Mentale Stärke im Golf" oder ähnlich heißt, der hat von Golf rein gar nichts begriffen. Golf ist kein Folterkeller der Psyche, aus dem die gequälte Seele zu entrinnen hat. Golf ist keine Tortur, aus der wir psychotherapeutisch befreit werden müssen.

Golf ist Spaß, und sonst nichts. Wer diesen Spaß mit Ernst verwechselt, der verwechselt vermutlich auch Sport mit Krieg. Kriege will man gewinnen.

Wer ein Buch kauft, das „Mentale Stärke im Golf" oder ähnlich heißt, kann sich darum die zwanzig Euro sparen. Es gibt einen einfacheren Weg: Hören Sie mit Golfspielen auf. Dann ist Ihre Seele wieder im Frieden.

029 Sind Golfer Masochisten?

Als ich mit meinem Golfkumpan Thomas über dieses Golfbuch diskutierte, sagte er, er hätte gern eine Antwort auf eine Frage. Seine Frage laute: „Warum tue ich mir dauernd diese Demütigungen an?"

Ich fragte ihn dann, wie er darauf komme. Er sagte, er erzähle mir dazu von seiner letzten Runde. Es war im Urlaub in Südfrankreich, sagte er. Am dritten Loch habe er den Abschlag rechts ins Wasser gehauen. Der zweite Ball landete erneut im Wasser. Beim dritten Ball dann schlug er voller Grimm den Boden, diesmal rollte der Ball nicht ins Wasser, sondern flach in den Bunker.

„Und?", sagte ich.

„Weißt Du", sagte er, „diese ältere Dame hinter mir hat hörbar gekichert."

So ging es dann weiter. Am 18. Loch, vor der Klubhaus-Terrasse, erzählte er dann, habe er zu guter Letzt einen Putt aus sechzig Zentimetern danebengeschoben. Er habe den Eindruck gehabt, die ganze Terrasse hinter sich kichern zu hören.

„Und was hast Du getan?", sagte ich.

„Ich ging hinüber ins Klubhaus", sagte Thomas, „und habe für den nächsten Tag eine Runde gebucht."

Sind wir Golfer Masochisten?

Masochisten empfinden Lust an der Unlust. Sie haben Spaß, wenn ihnen Schmerzen zugefügt werden oder wenn sie gedemütigt werden.

Damit wäre die Frage beantwortet. Ich habe noch nie einen Golfer oder eine Golferin gesehen, die vor Lust gekreischt hätte, wenn der Ball im Teich verschwand. Und auch die Jubelschreie bei verpatzten Putts sind reichlich selten.

Nein, wir sind keine Masochisten. Wir sind das Gegenteil davon. Wir suchen nicht den Schmerz, wir suchen das Glück. Das Glück besteht darin, wenn der Ball wie schwerelos über den Teich segelt und dann an die Fahne rollt und der Putt wie verzaubert übers Green tanzt und dann ins Loch fällt.

Für diese Glücksmomente sind wir Golfer bereit, uns auch durch das Tal der Tränen zu kämpfen und uns dort demütigen zu lassen. Der perfekte Schlag an die Fahne und der perfekte Putt ins Loch sind es hundertfach wert. Der perfekte Schlag an die Fahne und der perfekte Putt ins Loch lassen uns alle missglückten Schläge und misslungenen Putts im Tal der Tränen vergessen.

Nein, wir Golfer sind keine Masochisten. Wir sind die Jäger des Glücks.

030 Warum heißt der Mulligan Mulligan?

Als die US-Demokraten 2008 ihren Präsidentschaftskandidaten wählten, musste die Wahl in Florida wiederholt werden, weil Termine nicht korrekt eingehalten wurden. Den zweiten Durchgang nannten die Journalisten dann einen „Mulligan".

Der Mulligan hat sich längst aus dem Golfsport emanzipiert. Der Ausdruck bezeichnet auch außerhalb des Golfabschlags inzwischen einen zweiten Versuch und eine zweite Chance. Frauen etwa, die ein zweites Mal heiraten, nennen den neuen Ehemann mitunter scherzhaft einen Mulligan.

Erfunden aber wurde der Mulligan im Golf. Es gibt verschiedene Geschichten darüber, wie der Ausdruck entstanden ist. Die wahrscheinlichste Variante ist die Story von David Mulligan. Der Kanadier David Mulligan war Geschäftsführer des Waldorf Astoria Hotels in New York. In den 20er Jahren des letzten Jahrhunderts spielte er oft mit Freunden im Country Club von Montreal. Nach einem miserablen Abschlag legte er einmal einen zweiten Ball aufs Tee und nannte ihn seinen „Korrektur-Schlag".

Im Klub von Montreal aber nannten sie den zweiten Schlag schnell nach ihrem Erfinder. Der Mulligan war geboren und David Mulligan nahm die neue Sitte mit in den Winged Foot Golf Club in New York, wo er Mitglied war. Schnell wurde der Mulligan erst in New York und dann in den ganzen USA populär. Dann sprang er auch nach Europa hinüber.

In Turnieren findet der Mulligan keine Anwendung. Er ist eine spielerische Variante ausschließlich für private Golfrunden. Die häufigste Form der zweiten Chance ist der „Mulligan at the first". Am ersten Loch darf jeder einen zweiten Ball spielen, wenn der erste Abschlag nicht gelang. Das ist vor allem bei weniger guten Spielern von Vorteil, weil der Mulligan die Anspannung und Nervosität vor dem Start stark reduziert. Oft genügt dann schon die Ankündigung eines Mulligans, damit schon der erste Versuch zu einem Volltreffer wird.

In unseren Männerrunden spielen wir häufig auch den „Gilligan". Der Gilligan ist das Gegenteil des Mulligan. Wenn einem Mitspieler gleich zu Beginn ein toller Abschlag gelingt, dürfen wir anderen einen Gilligan verlangen. Der Kollege mit seinem Traumschlag muss dann einen zweiten Ball spielen und der zweite Ball zählt.

Gerechtigkeit muss sein.

031 Wie viele Golfrunden pro Jahr soll ich spielen?

Damit wir einen ersten Vergleich bekommen, beginnen wir mit dem Weltrekord. Er wird gehalten vom Kanadier Chris Adams, der in Hawaii auf dem King Kamehameha Golf Club spielt.

Chris Adams spielte in einem Jahr 812 Golfrunden. Es war in 2012. An rund achtzig Tagen musste er also drei Golfrunden hinter sich bringen. Sonst genügten deren zwei am Tag. Die Leistung steht im Guinness Book of Records.

812 Golfrunden im Jahr sind eine schon eher bizarre Idee. Es sind immerhin deren 68 im Monat. Nun, sagte Adams, vermutlich habe er schon eine „leichte Obsession".

Adams war bei seinem Weltrekord etwas über vierzig Jahre alt. Wir fragen uns natürlich, wie er seine Dauerpräsenz auf dem Platz mit seinem Beruf in Einklang brachte. Kein Problem. Adams gehört auf Hawaii eine Eisdiele, die Arbeit erledigten seine Angestellten.

Damit wären wir bei der Kernfrage, wie viele Golfrunden im Jahr das richtige Maß sind. Es hängt davon ab, ob man berufstätig ist oder nicht. Aber der Unterschied, wie wir noch sehen werden, ist nicht allzu groß.

Rund sechzig Prozent aller Golfer spielen mehr als 60 Runden pro Jahr, also mehr als einmal pro Woche. Über ein Drittel kommt auf mindestens 100 Runden im Jahr. Die Statistik ist zwar aus Übersee, aber so viel anders dürfte es bei uns auch nicht aussehen.

100 Runden und mehr im Jahr schafft jeder und jede locker, wenn sie selbständig erwerbend sind, etwa Anwalt oder Immobilienmakler oder meinetwegen Besitzer einer Eisdiele. Die wichtigste Subgruppe dieser Viel-Spieler sind hingegen die Rentner. Ich habe in meinem Bekanntenkreis etliche ältere Herren, die locker 250 Runden im Jahr hinter sich bringen. Sie können ja schließlich nicht den ganzen Tag Rosen züchten oder Zeitung lesen, sagen sie.

Aber auch Festangestellte kommen auf ganz anständige Frequenzen. Nehmen wir als Beispiel die US-Präsidenten. Spitzenreiter ist Woodrow Wilson, der Anfang des 20. Jahrunderts während seiner achtjährigen Amtszeit auf 130 Runden pro Jahr kam. Mister President Dwight Eisenhower, der Held des zweiten Weltkriegs, spielte 800 Runden in acht Jahren. Auch alle Präsidenten der Neuzeit waren begeisterte Golfer. Barack Obama und Bill Clinton etwa spielten 40 bis 50 Runden im Jahr.

Und ein neuer Hoffnungsträger – ich rede von Golf, nicht von Politik – war nach 2017 stark im Spiel. Donald Trump, Besitzer von insgesamt 17 Golfplätzen, startete seine Amtszeit mit 80 Golfrunden im Jahr.

Damit Sie sehen, wo Sie golferisch liegen, sage ich Ihnen zusammenfassend, was für Sie das ideale Maß ist: Es sind alles Erfahrungswerte aus meinem Bekanntenkreis.

Rentner, 69, alleinstehend: 180 Runden im Jahr
Hausfrau, 52, verheiratet, kinderlos: 140 Runden im Jahr
Anwältin, 54, verwitwet: 120 Runden im Jahr
Zahnarzt, 45, Single: 100 Runden im Jahr
Bauunternehmer, getrennt, Kinder: 70 Runden im Jahr
Steuerbeamter, verheiratet, Kinder: 50 Runden im Jahr
Politikerin, 65, verheiratet: 40 Runden im Jahr
Golflehrer, 38, verheiratet, 20 Runden im Jahr

032 Was ist ein Condor?

Der Condor, so viel vorneweg, ist der unglaublichste Schlag, den es im Golf gibt. In der ganzen Golfgeschichte gelang er bisher nur fünf Mal.

Der Condor ist ein Geier, aber ein spezieller Geier. Er ist mit einer Spannweite von bis zu 320 Zentimetern der größte Landvogel der Welt.

Golf ist ja ein ornithologischer Sport. Es wimmelt von Vögeln, von Birdies, Eagles und anderen Exemplaren. Je besser der Schlag, umso größer das Federvieh.

Beginnen wir mit dem Birdie. Es war 1899. Ab Smith spielte mit drei Kollegen in New Jersey, als ihm ein famoser zweiter Schlag gelang. Der Ball stoppte keine fünfzehn Zentimeter von der Fahne. „That was a bird of a shot", sagte Smith. „Bird" hatte im Englisch des späten 19. Jahrhunderts ungefähr die Bedeutung, die heute dem Wort „krass" zukommt. Das „Birdie" wurde im Klub schnell zum Synonym für einen Score von einem Schlag unter Par und verbreitete sich im Flug auch über den Ozean.

Der Eagle ist die nächste vogelkundliche Stufe. Der Adler ist als Vogel noch einen Schlag besser als der kommune Bird. Das Resultat von zwei Schlägen unter Par hat eine unbekannte Entstehungsgeschichte. 1919 wurde der Eagle erstmals in Schottland verwendet. Er kam aus dem patriotischen Amerika, wo für einen famosen Score das Wappentier der Nation herhalten musste.

Beim Albatros ist die Herkunft wieder besser belegt. Der Golfer und Autor John G. Ridland spielte im September 1934 auf dem Kurs von Nashik im Westen Indiens auf einem Par-5-Loch eine Zwei. Birdies und Eagles waren damals schon bewährtes Golferlatein, aber für ein Ergebnis von drei unter Par gab es das nicht. Der Golfer schlug den Albatros vor, und der Club schenkte ihm ein Bild des gewaltigen Seevogels. Ridland schrieb später in Golfmagazinen über seine Erfahrungen in Indien, und der Albatros machte Karriere.

Und damit wären wir endlich beim Condor. Der Geier symbolisiert ein Hole-in-one auf einem Par Fünf. Fünf Golfer haben das bisher geschafft, alles Amateure, einem Profi gelang dieser Zauberschlag noch nie. Die fünf heißen Mike Crean, Dick Hogan, Larry Bruce, Shaun Lynch und Jack Bartlett.

Fast allen von ihnen gelang der Traumtreffer an einem kurzen Par 5, das um die 450 Meter maß und zugleich ein stark gebogenes Dogleg war. Statt den Ball nun im Dogleg erst nach vorn und dann um die Biegung zu spielen, schnitten sie die Ecke und wagten die Abkürzung über die Bäume. Auf mirakulöse Weise schafften sie es hinüber und der Ball endete zum gloriosen Finale.

Ein Ass auf einem Par 5 – hol's der Geier, können wir da nur sagen.

033 Dürfen reifere Damen pinkfarbene Minis tragen?

Mit der vorläufigen Antwort können wir uns kurz fassen: Sie dürfen nicht, sie müssen.

Ich freue mich immer, wenn ich an einem Dienstag in England spiele. Der Dienstag ist dort auf den meisten Golf Courses der Ladies Day. Die Ladies schlagen am Mittag ab und nach der Runde versammeln sie sich zu süßem Tee und süßen Scones. Die Berge an Gebäck, die sie dabei verdrücken, sind ungefähr so hoch wie ihre Handicaps.

Das Schönste aber ist, wie die Ladies daherkommen. Die Ladies kommen fast geschlossen in Pink. Pink shirts, pink skirts, pink shorts, pink sox, pink shoes. Wenn die Ladies über die Greens schwirren, dann ist es, als ob ein pinkes Ballett über den Rasen huscht.

Zu Präzisierung müssen wir anfügen: Nicht ganz alle Ladies tragen pink. Eine Minderheit trägt rosarot.

Damit kommen wir zur Farbenpsychologie. Pink ist die aggressive Schwester von Rosarot, es ist schriller und knalliger als ihre eher dezente Verwandtschaft. Rosarot ist mit Weiß gebrochenes Rot. Pink ist mit Weiß aufgepepptes Violett. Wer das schillernde Pink trägt, sagt die Farbenpsychologie, will auffallen und will ein starkes Ego-Signal aussenden.

Das Signal lautet: Hey, schaut mich an, heute will ich Fun haben.

Genau darum geht es. Die Ladies sind wie eine Plakatwand, eine Plakatwand in Pink. Sie signalisieren Lebensfreude. Pink ist darum sozusagen Pflicht am Dienstagmittag.

Damit kommen wir zu den Abmessungen der Lebensfreude. Wie hoch über dem Knie soll der Rock enden? Es gibt die alte Regel im Golf.

Der Rocksaum hat dieselbe Entfernung vom entscheidenden Punkt wie bei der Regel des Besserlegens.

Bei speziellen Bedingungen auf dem Fairway dürfen Golfer den Ball besser legen. Sie dürfen ihn um die Länge einer Scorekarte verschieben.

Genau dasselbe, so lautet die britische Regel, gilt beim Saum. Der Saum des Röckchens soll eine Scorekarte über dem Knie liegen. Das sind etwa fünfzehn Zentimeter. Es spielt dabei keine Rolle, ob der Oberschenkel in jugendlichem Zustand ist oder schon etwas mehr Lebenserfahrung hat.

Eine Scorekarte oberhalb des Knies. Das ist die Regel. Fünfzehn Zentimeter, bis der pinke Saum beginnt. Weniger geht auch bei reiferen Damen nicht. Schließlich sind wir fröhlich auf dem Golfplatz und nicht freudlos beim Dermatologen.

Beinfreiheit ist Lebensfreiheit.

034 Wie finde ich meinen Ball?

Früher waren es fünf Minuten, inzwischen sind es drei Minuten. Länger haben wir nicht, um einen Ball im hohen Gras zu finden.

Die kürzere Suchzeit, so hat sich herausgestellt, hat zwei Seiten. Erstens finden wir unseren Ball weniger häufig. Zweitens finden wir häufiger andere Bälle. Die Suche wurde seitdem noch stärker zum Charaktertest.

Nun, wie finden wir schnell einen Ball? Ich habe mal in Österreich einen Golfer getroffen, der seinen Hund mit auf den Platz nahm. Der Hund finde jeweils seine verzogenen Bälle, sagte er.

Ich zweifle daran. Vielleicht gelingt dem Hund hin und wieder ein Glückstreffer. Generell aber ist die Sehschärfe von Hunden deutlich geringer als jene der Menschen.

Das größte Problem beim Suchen von Bällen ist, dass wir nur nach schlechten Schlägen Bälle suchen müssen. Wir kennen alle die Situation: Der Golfer und die Golferin stehen auf dem Abschlag, und der Ball zieht gegen links oder rechts weg. „Nein!" ruft der Golfer, dreht sich angewidert ab und verwirft die Hände.

Damit ist der Ball so gut wie verloren.

Es ist tatsächlich eine harte Prüfung, wenn wir einem lausig geschlagenen Ball konzentriert hinterherstarren müssen, bis die Kugel irgendwo fern der Spielbahn niedergeht. Es ist ungefähr so, wie bei einer umgekippten Weinflasche zuschauen zu müssen, wie der Wein davonfließt, ohne etwas dagegen tun zu können.

Aber es bleibt uns nichts anders übrig, als uns den Ort der Landung einzuprägen, wenn wir eine Chance haben wollen, mit dem zweiten Schlag weiterzuspielen. Auf die Mitspieler, wie wir wissen, ist beim Ballsuchen ja wenig Verlass. Die haben andere Prioritäten, als unsere Kugel zu finden, und bei einigen besonders engen Kollegen müssen wir im Matchplay schon froh sein, wenn sie nicht absichtlich draufstehen.

Nun gibt es vielleicht eine Lösung, die an einen alten Golfwitz angelehnt ist.

„Ich habe einen Ball, den ich nicht verlieren kann", sagt ein Golfer zum Spielpartner, „wenn er im Gras oder im Wald liegt, macht er piep-piep-piep, bis man ihn findet.

„Sensationell", sagt der andere Golfer, „und wo hast Du den her?"

„Ich habe ihn gefunden."

Es gibt zwei Apps, die bei der Ballsuche helfen. Beide kann man auf das Smartphone herunterladen. Der „Shot Tracer" visualisiert dabei, genau wie im Fernsehen, den gesamten Ballflug mit einer roten Linie und wir sehen, wo der Ball niedergeht. Die App ist hervorragend.

Der Nachteil aber ist, dass wir von jedem unserer Abschläge mit dem Handy ein Video aufzeichnen müssen. Wer diesen Aufwand nicht scheut, hat eine bessere Chance, den Ball dann zu finden.

Dann gibt es zwei weitere Apps, den „Ball Locator" und den „Ball Finder". Sie basieren auf demselben Prinzip. Die Software legt einen Blaufilter über die Kamera des Smartphones. Dadurch wird die Umgebung abgedämpft und der Golfball strahlt deutlich heller. Wir suchen dann mit dem Handy in der Hand die Umgebung ab. Wenn das Handy einen Ball entdeckt, beginnt es zu vibrieren. Die deutlich bessere App der beiden ist der „Ball Locator", aber auch er ist nicht ausgereift.

Der digitale Ballsucher findet zwar immer mal wieder einen Ball – aber vielfach nicht den eigenen.

Das können wir auch ohne Handy.

035 Gilt politische Korrektheit auch auf dem Golfplatz?

Mit diesem Kapitel begeben wir uns auf sehr dünnes Eis. Politische Korrektheit ist heute dasselbe wie das Glaubensbekenntnis im Mittelalter. Politisch unkorrekte Zeitgenossen wie Jakob Hutter, Jeanne d'Arc oder Giordano Bruno wurden damals auf dem Scheiterhaufen verbrannt.

Heute lodert der Scheiterhaufen wieder. Der Scheiterhaufen lodert geschlechtsspezifisch. Es ist höchst riskant, wenn Männer auch nur andeutungsweise irgendwelche Sottisen über Frauen von sich geben.

Beginnen wir also, politisch höchst korrekt, mit einem männerfeindlichen Witz.

Zwei Golferinnen stehen im Klubhaus an der Bar. „Mein Mann spielt wie ein Engel", sagt die eine. „Hast Du ein Glück", sagt die andere, „meiner lebt noch."

Aus Gründen der Fairness müssen wir nun mit einem frauenfeindlichen Witz nachladen.

Ein Golfer spielt allein und wird darum einer Dreier-Gruppe zugeteilt. „Warum spielen Sie alleine?", fragt ihn die Gruppe. „Meine Frau, mit der ich vierzig Jahre lang verheiratet war, ist gestorben", sagt er. „Oh, jetzt verstehen wir, warum Sie alleine spielen", sagt die Gruppe. „Nein, nein", sagt er, „nicht deswegen. Aber die anderen sind alle auf ihrer Beerdigung."

Alle erfahrenen Golfer wissen, dass ich mich bei meiner Witzeauswahl gewaltig zurückgehalten habe. Es gibt deutlich knalligere Beispiele.

Ich mag Golfplätze und Klubhäuser auch darum, weil sie unschuldig wie von gestern sind. Hier geht es noch ähnlich unverkrampft und unverklemmt zu wie sonst vor dreißig Jahren. Ein anzüglicher Spruch, eine würzige Bemerkung über das andere Geschlecht oder auch ein Witz von etwas unterhalb der Gürtellinie sind hier noch gesellschaftsfähig. Das ist nicht immer politisch korrekt.

Das gilt für beide Subgruppen. Am Damentisch, nach dem Ladies-Turnier, geht es ähnlich deftig zu wie am Männer-Tisch nach der Herrenrunde. Golfplätze und Klubhäuser sind die letzten frohgemuten Naturschutzreservate, die sich dem grimmigen Zeitgeist der politischen Korrektheit verweigern.

Das schlägt sich auch in der Sprache nieder. Die Sprache ist im Klubhaus noch nicht genderneutral reguliert. Niemand redet hier von den Puttern und Putterinnen oder von den Longhittern und Longhitterinnen.

Wer nun denkt, auf Golfplätzen und in Klubhäusern dominiere demnach ein sexistisches Klima, der täuscht sich gewaltig. Gerade weil es hier so locker zugeht, ist das unschuldige Gegenteil der Fall.

Wir hören und lesen dauernd von sexuellen Übergriffen. Sexuelle Übergriffe am Arbeitsplatz, sexuelle Übergriffe in der Kirche, sexuelle Übergriffe in der Schule, in öffentlichen Verkehrsmitteln, in Spitälern, in Sportvereinen, in Parks, in Discos und selbst in Parlamenten. Die Kriminalstatistik zählt Dutzende von Orten auf, wo es zu sexuellen Übergriffen kommt.

Ein Ort macht in der Kriminalstatistik eine erstaunliche Ausnahme. Sexuelle Übergriffe auf dem Golfplatz gibt es nicht. Wir sind korrekt.

036 Darf man das Poloshirt über dem Gürtel tragen?

Es war eine gewaltige Sensation, die der Royal and Ancient Golf Club of St. Andrews vor einigen Jahren verkündete. Auf dem heiligen Platz der Plätze waren für Mitglieder und Gäste auf einmal Blue Jeans erlaubt.

Gut, ein paar Einschränkungen gab es natürlich schon. Sie gelten bis heute. Jeans sind in St. Andrews nur am Freitag erlaubt, an den anderen sechs Wochentagen nicht. Sie sind erlaubt auf der Außenterrasse und im preisgünstigen John Reid-Bistro, nicht aber in den zwei noblen Restaurants. Auf dem Platz sind Jeans weiterhin verboten. Generell verboten sind auch ausgewaschene Jeans.

Golf gehört zu den wenigen Einzelsportarten mit einem Dresscode. Es ist zum Beispiel völlig egal, wie ich auf dem Tennisplatz erscheine, wenn ich nicht gerade das Finale in Wimbledon bestreite. Es ist auch völlig egal, was ich beim Skifahren oder beim Kegeln trage.

Im Golf gibt es eine Vielzahl von Kleidervorschriften, die von Klub zu Klub unterschiedlich sind. Ich musste mir in England schon unmögliche Socken im Pro-Shop kaufen, die bis oberhalb des Unterschenkels reichen mussten und weiß zu sein hatten. Eine Freundin von mir durfte mal in Schottland nicht auf den Platz, weil ihr Rock früher als die vorgeschriebenen vier Inches über dem Knie endete.

Ich halte das für Unsinn, weil es Golf unnötig snobistisch macht. Es ist heute leichter, in den St. Petersdom im Vatikan hereinzukommen als auf manche Golfäcker dieser Welt.

Das umstrittenste Element des Dresscodes ist ein reines Männerproblem. Es geht um das Poloshirt und die Hose. Auf vielen europäischen Golfplätzen gilt die Regel: Das Hemd gehört in die Hose. Oder wie es in den Clubhouses auf Englisch heißt: Shirts have to be tucked in.

Die meisten Männer im Golf aber sind sogenannte Un-Tucker, wie man sagt. Sie tragen ihr Shirt lieber locker über dem Gürtel, statt es in die Hose hinein zu wursten. Der Grund liegt in der männlichen Eitelkeit. Die meisten Männer im Golf sind jenseits der Fünfzig und es hat sich deshalb in der Mitte ihres ansonsten total athletischen Körpers eine minimale Rundung ergeben. Diese minimale Rundung aber wird erst dann substanziell ersichtlich, wenn das Hemd durch einen unnötigen Gürtel in eine anatomisch verzerrte Passform gezwängt werden muss.

Fällt das Shirt hingegen vom muskulösen Brustkasten des Mannes unbehindert nach unten, wird der ästhetische Gesamteindruck nicht strapaziert.

Von Mann zu Mann weiß man das natürlich genau. Der Marshall, der auf dem Platz die Klub-Regeln überwacht, weiß das auch sehr genau. Er weiß: Ab etwa zehn Kilogramm Übergewicht gehört das Hemd zwingend über den Gürtel.

Das Männerbündnis geht darum so: Der Marshall besteht darauf, dass unser Shirt beim ersten Abschlag in der Hose steckt. Dann entlässt er uns in die Freiheit. Er weiß, dass wir seriöse Golfer sind, die sich an die Regeln halten. Er weiß, kurz vor Putt auf dem achtzehnten Green geben wir die Textilfreiheit wieder auf und stopfen das Ding zurück. Wir lochen am Schluss wieder unter der Gürtellinie ein.

037 Welche Art von Spiel macht Golf kaputt?

Im Profi-Golf gab es das Beispiel von J.B. Holmes, der für die USA schon mehrmals im Ryder-Cup gespielt hat. Bei seinem Turniersieg 2019 in Los Angeles lag sein Ball wenige Meter vom Loch entfernt. Jeder lausige Amateur braucht dazu zwei Putts. Das dauert etwa eine halbe Minute.

J.B. Holmes ging vor und zurück, schaute hin und her, ging zurück und begann nochmals vorn. Nach fünf Minuten hatte er endlich eingelocht. Es waren, sagten die TV-Kommentatoren, die peinlichsten fünf Minuten, seit Golf am Fernsehen übertragen wird. „Das langsame Spiel killt den Golfsport", schrieb der „Guardian" am nächsten Tag auf der Golfseite.

Das stimmt. Ich glaube, der größte Feind des Golfsports ist das langsame Spiel.

Ich merke es an mir selber. Ich bin an sich ein ausgeglichener Charakter. Das einzige, was mich auf dem Golfplatz zur Weißglut treibt, ist, wenn ich warten muss.

Wir stehen also auf dem Fairway und schauen zu, wie sie da vorne auf dem Green herumtrödeln. Wir stehen seit gefühlten sechzig Minuten. Vorne schieben sie einen Putt nach dem anderen daneben. Dann gehen sie in die Knie. Dann diskutieren sie, wie sie den nächsten Putt am besten daneben schieben. Dann bleiben sie auf dem Green stehen und notieren sich die Acht, die sie soeben geschoben haben. Dann trotten sie in Zeitlupe davon.

Was tun wir also, um die Wartezeit totzuschlagen? Wir machen Probeschwünge. Wir inspizieren unsere Schwungebene. Wir kontrollieren unseren Griff. Wir überprüfen unsere Schulterdrehung. Wir machen weitere Probeschwünge. Wir schlagen uns die tote Zeit tot, in dem wir so tun, als wären wir auf der Driving Range. Und damit beginnt das Verderben. Denn wir beginnen zu überlegen.

Es gibt für uns Amateure nichts Tödlicheres im Golf, als während einer Runde über den eigenen Schwung nachzudenken. Doch genau das passiert, wenn wir warten müssen. Wir beginnen, uns mit uns selber zu beschäftigen. Wir nehmen uns dann zum Beispiel vor, beim Durchschwung die rechte Schulter etwas später zu bringen.

Wenn wir dann, endlich, endlich, wieder freie Bahn haben, geschieht natürlich das Unvermeidliche. Wir sind ohnehin genervt von der Warterei, und wir haben alle diese Probeschwünge von vorhin im Kopf – na ja, ich brauche nicht zu beschreiben, was nun passiert.

Und nun sind wir echt genervt.

Die Regeln bemühen sich ja, das Spiel schneller zu machen. Die Torheit, wonach einer die „Ehre" hat und darum als Erster drankommt, ist genauso verschwunden wie der Unsinn, dass zuerst schlägt oder puttet, wer am weitesten vom Loch entfernt liegt. Und in der Theorie beträgt die erlaubte Zeit für einen Schlag 40 Sekunden.

Nun ist die Theorie leider nicht die Praxis. In Schottland rechnen sie damit, dass ein Zweier-Flight für eine Runde knapp über drei Stunden braucht, bei einem Vierer-Flight sind es dreieinhalb Stunden.

Bei uns dauert es in der Regel eine Stunde länger. Es ist genau jene Stunde des Wartens, die tödlich ist.

Damit ist auch erklärt, warum die Schotten so viel bessere Golfspieler sind als wir Kontinentaleuropäer. Die Schotten haben keine Zeit, sich während einer Golfrunde mit sich selber zu beschäftigen. Sie hauen drauf, und weiter geht's.

038 Wer ist der Schutzpatron der Golfer?

Israel gehört in Sachen Golf zu den unterentwickeltsten Ländern dieses Planten. Es gibt dort nur einen einzigen 18-Loch-Platz. Israel liegt damit gleichauf mit Nationen wie Guyana, Nordkorea oder Afghanistan.

Es ist darum etwas verwunderlich, dass der Schutzpatron der Golfspieler ausgerechnet aus diesem Entwicklungsland kommt. Der heilige Andreas ist am See Genezareth aufgewachsen. Er war der jüngere Bruder von Petrus. Im Gegensatz zum pompösen Petrus, der sich unter den Aposteln stets großspurig als Wortführer aufspielte, war unser Schutzpatron Andreas ein eher zurückhaltender Typ.

Dieser Charakterzug passt gut zu uns Golfern. Wenn andere die großen Reden schwingen, ziehen wir uns lieber zu einer gemütlichen Runde auf dem Platz zurück.

Andreas, unser Schutzpatron, war ein geselliger Typ, wie man aus den wenigen Schilderungen über ihn weiß. Beim letzten Abendmahl, gemalt von Leonardo da Vinci, saß er auf der rechten Tischseite als Dritter von rechts und machte Faxen mit Jacobus dem Jüngeren.

Unser Schutzpatron hatte nur ein Problem: Er war ledig und wurde sein ganzes Leben lang nie mit einer Frau gesehen. Dadurch hatte er ein etwas verkrampftes Verhältnis zu Sex. Das kostete ihn, wie wir noch sehen werden, schließlich den Kopf.

Aber zuerst einmal, bevor es ihn den Kopf kostete, war er genau so, wie wir heutigen Golfer sind. Er war enorm gern unterwegs. Andreas reiste nach Griechenland, nachher vermutlich nach Zypern, dann nach Mazedonien, nach Serbien, Rumänien und womöglich bis nach Ungarn und Polen. Einmal geriet er in die Fänge von Kannibalen. Das aber war kein größeres Problem, denn nach einer Woche schon, so sagt die Legende, hatte er sämtliche Kannibalen zum Christentum bekehrt. Sie wurden dann vermutlich Vegetarier.

Den Schotten gefiel dieser Typ. 1320 wurde er offiziell der Schutzheilige von Schottland. Das Andreaskreuz, mit seinen diagonal gekreuzten Balken, wurde in Blau-Weiß zur schottischen Flagge. Es ist klar, dass die Schotten dann auch ihren großartigsten Golfplatz nach ihm benannten: St. Andrews.

Sein Ende kam im griechischen Patras. Er lernte Maximilia kennen, die Frau des lokalen Statthalters Aegeas. Der heilige Andreas bekehrte die Lady zum Christentum. Dann aber übertrieb er es ein bisschen mit dem evangelischen Eifer. Er überzeugte sie, sich künftig in sexueller Enthaltsamkeit zu üben.

Solch apostolisch verordneten Sex-Stopp hielt Maximilias Gatte Aegeas für keine gute Idee. Er band Andreas darum an ein Andreaskreuz. Nach zwei Tagen war game over.

Jeweils am 30. November feiern sie in Schottland den Saint Andrew's Day, die Party des Schutzpatrons. Erst spielen sie eine beschwingte Runde Golf und dann kippen sie in den Pubs imposante Mengen an Whisky zu Ehren des Heiligen hinter die Binde. Und mit der sexuellen Enthaltsamkeit, so habe ich mir sagen lassen, schaue es in dieser Nacht in Schottland auch nicht zum Besten aus.

039 Warum gilt Golf als snobistisch?

Die Geschichte vom Golf ist die Geschichte eines umgekehrten Klassenkampfs. Aus einem ursprünglichen Volkssport wurde ein Elitesport und dann wieder ein Volkssport.

Golf in der heutigen Form entstand im 15. Jahrhundert. Bekannt wurde das Dekret des schottischen Parlaments von 1457, das „ye fut bawe and ye golf" verbot. Das Volk liebte Fußball und Golf und vernachlässigte dadurch sein Training im staatserhaltenden Bogenschießen. Das Golfverbot fiel 1502, als England und Schottland einen endgültigen Friedensschluss unterzeichneten und damit die Pfeilbogen im Schrank verschwanden.

Im 16. Jahrhundert war Golf noch ein Volkssport. Der König spielte und der Bischof, aber auch der Pferdeschmied und der Maurermeister. Gespielt wurde auf den Links an der Küste mit improvisierten Löchern, mit Holzbällen und zur Not mit Kieselsteinen.

Die Wende kam mit einem neuen Trend. Es entstanden die Klubs. Der Klubgedanke ist das Gegenteil einer offenen Gesellschaft. Jeder Klub auf dieser Welt, egal ob Schachklub oder Rotary Klub, muss seinen Mitgliedern eine Form von Exklusivität bieten, damit der Mitgliederbeitrag gerechtfertigt ist.

Im Golf war es genauso. Mitte des 18. Jahrhunderts entstanden die frühen Klubs der „Gentlemen Golfers of Leith" und die „St Andrews Society of Golfers". Die Klubs pflegten die Idee der isolationistischen Abschottung. Sie hatten eigene Anlagen, wo nur Mitglieder spielen durften, und die Mitglieder hielten sich darum für etwas Besonderes.

Nur auf den britischen Inseln blieb Golf ein Volkssport. Hier entstanden die municipal courses, die öffentlichen Plätze, die erschwinglich waren und von der Gemeinde verwaltet wurden.

Ansonsten aber wandelte sich das Spiel nun zum snobistischen Elitevergnügen. Wie immer, wenn das Klubleben sich selbständig macht, entstanden eine Reihe bizarrer Regeln, die nur die eigene Großartigkeit belegen sollten. Aufgenommen wurde als Mitglied oft nur noch, wer das richtige Vermögen oder die richtige Verwandtschaft hatte. Es gab Kleidervorschriften, etwa Krawattenzwang und Klubjacketts, es gab interne Ess- und Trinksitten, und die Mitgliederbeiträge waren zur

Abschreckung unsinnig hoch. Manchenorts waren Frauen, Juden und Farbige nicht zugelassen.

Das gewöhnliche Volk durfte nur noch als Caddies auf den Platz, um die Golftaschen der Herrschaften zu tragen. Manchmal erlaubte man den Caddies, abends ein paar Loch zu spielen, wenn die feinen Pinkel schon in ihrem President's Room beim Diner saßen.

Damals hat Golf seinen Ruf grandios ruiniert. Es klingt noch bis heute nach.

Demokratischer wurde Golf ab etwa 1980. Es entstanden auf dem Kontinent viele neue Plätze, auf denen es um Spaß und Sport und nicht mehr um Dünkel ging. Der ehemalige Volkssport Golf war nach einem Ausflug in die Welt der Blasiertheit wieder zum Volkssport geworden.

60 Millionen Spieler zählt das weltweite Golfvolk inzwischen. Die Chinesen, die Inder und die Russen kommen neuerdings zunehmend auf den Geschmack – schon bald einmal werden wir 100 Millionen sein.

040 Wer hat Golf erfunden?

Wenn wir Gottes sechstägige Schöpfungsgeschichte lesen, dann entstanden die Golfplätze am dritten der sechs Tage. Am dritten seiner sechs Schöpfungstage trennte Gott das feste Land vom Wasser, begrünte die Erde und erschuf die Pflanzen.

Es entstanden am dritten Tag demnach die Spielbahnen, die Grüns, die Wasserhindernisse und somit all die blöden Teiche, Büsche und Roughs, in denen wir nun dauernd liegen.

Nachdem die Schöpfung abgeschlossen war, zog Gott erst mal einen freien Tag ein. Dann testete er sein Werk, indem er der Menschheit zehn biblische Plagen schickte. Darunter waren Plagen wie eine Heuschrecken-Invasion, eine Viehpest und der Tod aller Erstgeborenen.

Wir können daraus schließen, dass Gott, der Schöpfer, den Golfsport nicht als absolute Priorität betrachtete. Sonst hätte er Golf unter die zehn biblischen Plagen der Menschheit eingereiht.

Golf, so müssen wir daraus schließen, ist nicht ein wesentlicher Teil der Schöpfungsgeschichte. Es entstand nicht durch den göttlichen Funken, sondern durch die Evolution.

Damit sind wir bei Pieter van Afferden. Er ist die wichtigste Figur in der Geschichtsschreibung des Golfsports. Denn er entschied die Frage, wer Golf erfunden hat.

Pieter van Afferden war Rektor der Lateinschule in Amsterdam. Unter dem Namen Petrus Apherdianus schrieb er 1545 das Buch „Tyrocinium latinae linguae", das „Übungsbuch der lateinischen Sprache". Er beschrieb darin den Golfsport in Holland. Den Sport nannten sie „kolve".

Van Afferden listete die wichtigsten geltenden Regeln auf. So war es dem Kolver verboten, einen Spieler beim Schwung zu behindern, ihm die Sicht zu nehmen oder den Abschlag zu betreten, bevor er selber an der Reihe war.

Das Buch war lange verschollen. Es tauchte erst 1970 wieder auf.

Damit war die jahrhundertealte Frage entschieden, ob die Niederländer oder die Schotten das Golfspiel in der heutigen Form erfunden hatten. Es waren definitiv nicht die Schotten. Die erste schottische Golfbeschreibung, „Vocabula" von David Wedderburn, erschien fast ein Jahrhundert nach dem ersten holländischen Text zu unserem Spiel.

Derselbe Vorsprung der Holländer zeigte sich auch in der Malerei. Es gibt Bilder von Pieter van der Borcht und Hendrick Goltzius ums Jahr 1600, die Golfspieler abbilden. Die ersten schottischen Gemälde mit Golfmotiven tauchten erst 80 Jahre später auf.

Aufgrund dieser Indizien setzte sich in der Wissenschaft die eindeutige Meinung durch, dass Golf in Holland entstand. Auch die lexikalische Institution der „Encyclopaedia Britannica" schreibt inzwischen in britischer Fairness: „Die Schotten als Erfinder von Golf – ein populärer Trugschluss."

Nun aber ist es oft so, dass nicht die Erfinder einer Sache das Geschäft daraus machen. Die Mexikaner haben die Schokolade erfunden, aber die Schweizer haben daraus das Geschäft gemacht. Die Chinesen haben die Spaghetti erfunden, aber die Italiener haben daraus das Geschäft gemacht. Die Holländer haben das Golf erfunden, aber die Schotten haben daraus das Geschäft gemacht.

Die Golf-Industrie im bevölkerungsarmen Schottland setzt inzwischen rund 1,4 Milliarden Euros um. Die Golfbranche lastet über

20.000 Arbeitsplätze aus. Golf ist als Arbeitgeber damit schon halb so groß wie die riesige Whisky-Industrie. Das will etwas heißen.

In Schottland gibt es 550 Golfplätze. In Holland gibt es nur 250 Golfplätze. Die Zeiten haben sich geändert.

041 Sollen wir gute Schläge von Mitspielern loben?

Wir kennen es alle. Wir stehen auf dem Abschlag, nehmen den Driver und ziehen durch. Schon im Treffmoment wissen wir, dass wir den Ball zwar knackig getroffen, aber leider nach rechts verzogen haben.

„Super Schlag!" kräht da einer begeistert hinter uns.

Die nächsten paar Sekunden verfolgen wir nun gemeinsam, wie der Ball zwar weit und hoch davonzischt, dann aber, wie erwartet, rechts im hohen Gras landet. Der hinter uns, der eben noch begeistert gekräht hat, sagt nun gar nichts mehr.

Die Kultur der permanenten Lobhudelei gehört zu den seltsamsten Gepflogenheiten auf den Golfplätzen. Dauernd bejubeln Golfer enthusiastisch die Schläge der anderen Golfer. Wir können keinen anständigen Drive raushauen, ohne dass einer im Flight „Super-Schlag!" kräht. Wir können keinen anständigen Putt zum Loch schieben, ohne dass einer im Flight „Prima-Putt!" ruft. Wir können keinen anständigen Pitch anbringen, ohne dass einer im Flight „Großes Golf!" bejubelt.

Am schlimmsten sind jene, die mal in den USA waren und uns nun ihre Weltläufigkeit vorführen wollen. „Great shot!" brüllen sie jedem nicht gänzlich missglückten Schlag hinterher. Nun, dort gehört das zum üblichen Ton einer dauereuphorischen Gesellschaft, die es schon total „great" findet, wenn im Klubrestaurant eine Flasche mit Ketchup auf dem Tisch steht.

Sie merken schon, mir gehen diese ständigen Applaus-Salven auf dem Platz eher auf die Nerven. Ich plädiere nicht für ein Verbot, das wäre dann doch übertrieben, aber ich plädiere für zwei Einschränkungen.

Erstens: Loben Sie niemals einen Spieler, der merklich besser spielt als Sie selbst. Der nämlich weiß selber sehr genau, wann ihm ein guter Schlag gelungen ist und wann nicht. Ein guter Spieler ärgert sich darüber, dass er den Ball aus 130 Metern vorne an den Grünrand und nicht an die Fahne geschlagen hat. Dann will er nicht hören, wie hinter ihm ein Golf-Lehrling einen „great shot!" bejubelt.

Zweitens: Wenn Sie die Lobeshymnen schon nicht lassen können, dann warten Sie damit zumindest, bis der Ball den Fairway berührt hat. Es erspart ihnen die Blamagen, die auf dem Platz täglich üblich sind. „Super-Schlag!" rufen Sie sonst, und das nächste Geräusch auf dem Platz ist dann das „Platsch!", mit dem der Ball ins Wasser trifft. In diesem Fall ist das erste Missgeschick deutlich peinlicher als das zweite.

042 Was ist die Höchststrafe für einen Golfer?

Es ist bis heute zu verspüren, dass Golf im gestrengen und gottesfürchtigen Mittelalter entstanden ist. Golf ist eine ständige Abfolge von Sünde, Schuld und Sühne.

Im Vergleich mit den Golfregeln sind die Zehn Gebote ein Zuckerschlecken. Es gibt keine andere Sportart, die eine derartige Unmenge von Strafen kennt. Im Tennis zum Beispiel gibt es praktisch nur dann einen Strafpunkt, wenn man den Schiedsrichter attackiert.

Im Golf hingegen gibt es Strafen für alle Gelegenheiten, für alles und jedes gibt es Strafschläge, auch für Kleinigkeiten.

Der Dekalog des Alten Testaments ist nichts im Vergleich zu den Geboten der Regelpriester vom Royal & Ancient Golf Club of St Andrews. Du sollst den Ball nicht berühren. Du sollst nur in Kniehöhe droppen. Du sollst den Ball nicht reinigen. Du sollst niemandem einen Ratschlag geben. Du sollst den Sand im Bunker nicht berühren. Du sollst nicht zu langsam spielen. Du sollst keine Gräser niederdrücken. Du sollst nicht einen Ast verbiegen. Du sollst nicht mehr als 14 Schläger benutzen. Du sollst den Ball nicht hinter diese weißen Stöcke schlagen.

Wer es trotzdem tut, auch wenn nur versehentlich, bekommt sofort einen oder zwei Strafschläge aufgebrummt.

Damit steht zumindest fest, dass Moses kein Golfer war. Er hätte es nie bei nur einer Handvoll Todsünden bewenden lassen.

Gut, immerhin für ein paar frühere Todsünden, für die wir jeweils in der Hölle schmorten, haben wir ab 2019 die Absolution bekommen.

Wir dürfen beispielsweise, anders als jahrhundertelang, nun die Fahne im Loch lassen, wenn wir putten. Und wir dürfen im Wasserhindernis den Schläger auf den Boden aufsetzen.

Damit kommen wir zur Frage, was die Höchststrafe in diesem strafenreichen Golfspiel ist. Nun, es gibt ein paar dokumentierte Fälle, dass Golfer auf einer Runde ein halbes Dutzend Strafschläge kassiert haben. Aber das ist nicht die richtige Betrachtungsweise.

Die Höchststrafe für einen Golfer habe ich bei meinem Spielkumpel Mark erlebt. Es war in Thailand, wo einige von uns jeweils überwintern. Normalerweise spielen wir hier immer im Freundeskreis, aber an diesem späten Nachmittag spielte Mark mutterseelenallein noch neun Loch. Am vierten Abschlag, einem Paar 3 einen Teich entlang, passierte es. Mark spielte ein Hole-in-one, zum ersten Mal in seinem Leben.

Am nächsten Tag erzählte er uns davon. Wir grinsten und zwinkerten uns zu. Er schwor – er ist Engländer – auf Gott und Königshaus, dass er ein Hole-in-one produzierte und welchen Schläger er genommen und welchen Ball er aufgeteet hatte. Wir grinsten und zwinkerten uns zu.

Er fragte, ob sein Volltreffer im Klubhaus auf dieser Liste an der Wand aufgeführt werde, auf der alle Schützen eines Hole-in-one verzeichnet sind. Nein, sagten wir grinsend und zwinkernd, ohne Zeugen gehe das nicht.

Die Höchststrafe für einen Golfer war in diesem Fall nicht ein Strafschlag, sondern ein Traumschlag.

043 Soll ich vor der Runde auf die Driving Range?

Auf manchen schottischen Golfplätzen, etwa in Carnoustie, Muirfield und Gullane, haben sie keine Driving Range. Schließlich kommt man her, sagen sie sich, um hier Golf zu spielen und nicht, um serienweise Übungsbälle in die Luft zu hauen.

Ich habe Golf auch noch auf einem Platz gelernt, der keine Driving Range hatte. Der Golfpro führte mich in eine stille Ecke des Platzes, zeigte mir, wie es ging, und ich versuchte, die Bälle durch die Gegend zu schlagen. Öfters traf ich ins Gebüsch oder ins Wasser.

Es war wie im richtigen Golferleben.

Die Driving Range ist der sonderbarste Teil jeder Golfanlage. Es ist jener Teil, der mit Golf am wenigsten zu tun hat. Die Driving Range hat ungefähr gleich viel mit Golf zu tun wie ein Swimmingpool mit dem Pazifischen Ozean.

Der Driving Range fehlt es an allem, was Golf zu einem anspruchsvollen Sport macht. Es gibt keinen unebenen Stand, keine Bäume, kein hohes Gras, keine Büsche, keine Wasserflächen, keine Out-Linie und keine störenden Mitspieler. Und gegen Regen hat es ein Dach.

Es ist darum kinderleicht, auf der Driving Range praktisch jeden Ball sauber zu treffen. Und damit beginnt das Problem.

Der Durchschnittsgolfer kehrt nun also aus diesem Hollywood der Driving Range wieder in die Realität zurück, wo es keine künstlichen Filmkulissen mehr gibt, dafür aber rechts ein echtes Rough mit hohem Gras, links ein echter Weiher mit roten Pfosten und geradeaus ein echter, gewaltiger Bunker.

Der Kulturschock zwischen der harmlosen Komfortzone und der bedrohlichen Ernstfallzone führt logischerweise in vielen Fällen ins Verderben. Schon der erste Schlag in wirklichen Leben misslingt, dann auch noch der zweite, und das Selbstvertrauen von vorher ist dahin.

Noch ärger kann es nur werden, wenn es schon auf der Driving Range nicht klappt. Dann beginnt der Golffreund zu pröbeln. Er ändert den Griff, den Schwung, den Stand, und was man sonst noch alles ändern kann, und rückt dann als Mann oder Frau der hundert Möglichkeiten auf dem ersten Abschlag an.

Auch diesmal kann es fast nur schief gehen. Das vielbesungene Mantra, dass auf schlechte Schläge auf der Driving Range gute Schläge auf dem Platz folgen würden, ist sehr viel näher am Wunsch als an der Wirklichkeit.

Fassen wir zusammen: Wer auf der Driving Range gut trifft, trifft schlecht auf dem Platz. Wer auf der Driving Range schlecht trifft, trifft ebenfalls schlecht auf dem Platz.

Die besten Profis der Welt wissen das auch. Sie üben darum nicht vor der Golfrunde, sondern nur nach der Golfrunde. Vor der Golfrunde wärmen sie sich nur etwas auf.

Vergessen Sie vor einer Golfrunde also besser die Driving Range. Sie ist ein Disneyland.

044 Sollen wir die da hinten durchspielen lassen?

Nein, nein, es geht jetzt nicht um diesen blöden Witz, den Sie alle kennen. Gut, eine Minderheit kennt ihn noch nicht, darum bringe ich ihn nochmals.

Zwei Golfer spielen hinter zwei sehr langsamen Damen. Irgendwann sagt der eine: „Ich gehe mal vor und frage die Damen, ob sie uns durchspielen lassen." Nach halber Strecke kehrt er um und sagt: „Sorry, ich kann nicht fragen, die eine ist meine Frau und die andere meine Geliebte." Sagt der andere Golfer: „Kein Problem, dann frage eben ich." Nach halber Strecke kehrt auch er wieder um und sagt: „Zufälle gibt es!"

Damit kommen wir zum ernsthaften Teil. Es geht um das Durchspielen.

Die Regel ist ja einfach. Wenn der Flight im eigenen Rücken eindeutig schneller ist als die eigene Truppe, dann stehen die Langsamen am Rand der Spielbahn und winken die Schnellen durch. Das ist die technische Seite der Situation. Sie ist simpel.

Doch nun kommen wir zur psychologischen Seite der Situation. Sie ist komplizierter.

Die Situation ist vergleichbar der linken Spur auf der Autobahn. Sie fahren zwar recht zügig links, aber so ein Kerl hinter Ihnen bedient trotzdem wie ein Verrückter seine Lichthupe, um Ihnen zu signalisieren, Sie sollten gefälligst den Weg für seine bedeutende Persönlichkeit freimachen. Was tun wir? Wir entwickeln eine Art Trotzreaktion, bleiben links und gehen vom Gas.

Auf dem Fairway ist es ähnlich. Wenn sie hinter uns zu fuchteln, zu klatschen und zu pfeifen beginnen, wenn sie uns sogar Bälle von hinten in die Füße spielen, dann gibt es nur eines: „No pasarán". Sie kommen nicht durch. Es ist die berühmte Parole, die Dolores Ibarruri, genannt La Pasionaria, im spanischen Bürgerkrieg ausgerufen hatte: No pasarán.

Wenn Sie hinter uns aber gelassen bleiben, uns den Marshall als Boten vorbeisenden oder uns höflich fragen, ob wir sie durchlassen könnten, dann ist das keine Diskussion. Dann lassen wir sie spätestens beim nächsten Par drei durch.

Es ist wie auf der Autobahn. Der Charakter zeigt sich nicht beim Kolonnenfahren. Der Charakter zeigt sich beim Überholen.

045 Welche Prophezeiung wird im Golf immer wahr?

Das beste Beispiel hat mir einmal Frank erzählt. Frank ist Captain eines Klubs im Alpenraum.

Es war bei einem Turnier. Frank schaute zu, wie ein Spieler vom Abschlag aus den Ball mit einem Slice rechts ins halbhohe Gras drosch. Der Spieler machte sich nun auf die Suche, fand nach kurzer Zeit tatsächlich den Ball und spielte ihn auf den Fairway zurück.

Sonderbar daran war nur, wo der Spieler den Ball gefunden hatte. Er fand ihn etwa zwanzig Meter vom Punkt entfernt, wo er nach der Beobachtung von Frank niedergegangen war.

Der Captain machte sich nun auch auf die Suche und fand an der von ihm vermuteten Stelle tatsächlich einen Ball. Es war ein Nike Nummer drei.

Der Captain fuhr mit seinen Cart hinterher und stellte den Spieler zur Rede. „Darf ich fragen, welchen Ball Sie gerade spielen?", fragte er. „Nike", sagte der, „Nummer drei." „Komisch", sagte Frank, „ich glaube, ich habe da hinten genau diesen Nike von Ihnen gefunden."

Der Spieler gestand sofort. Er könne dieses Loch einfach nicht spielen, sagte er, jedes Mal, wirklich jedes Mal, lande er hier rechts im Kraut. Am Vorabend des Turniers fuhr er darum auf den Platz und legte einen Nike Nummer drei ins halbhohe Gras. Er legte ihn an eine Stelle, die er am Turniertag leicht wiederfinden konnte.

Natürlich war es ein klarer Fall, ein origineller Fall zwar, aber dennoch ein Fall von Betrug.

Dennoch kann man für den bedauernswerten Spieler durchaus ein gewisses Verständnis haben. Denn er wurde das Opfer des brutalsten psychologischen Mechanismus, den es im Golfsport gibt. Man nennt ihn „Selffulfilling Prophecy".

Die „Selffulfilling Prophecy", die selbsterfüllende Prophezeiung, wurde 1948 vom amerikanischen Soziologen Robert Merton vorgestellt. Es ist die psychologische Lehre der Erwartungshaltung.

Wir verhalten uns so, wie es unseren eigenen Voraussagen entspricht. Wenn wir erwarten, dass wir erfolgreich sein werden, dann sind wir in der Regel erfolgreich. Es gibt eine enge Rückkoppelung zwischen einer positiven Erwartungshaltung und dem positiven Verhalten.

Das Gegenteil davon ist die „self-defeating prophecy", die selbstzerstörende Prophezeiung. Wenn wir von uns selber ein Versagen erwarten, dann werden wir in der Regel versagen. Hier koppelt unsere negative Voraussage negativ auf unser Verhalten zurück.

Unser Golfer mit den Nike-Bällen war ein klares Beispiel einer „self-defeating prophecy". Wann immer er an diesem Loch auf den Abschlag trat, wusste er genau, was nun passieren würde. Und genauso wie seine Prophezeiung kam es denn auch. Er schlug den Ball mit selbstmörderischer Regelmäßigkeit rechts ins Rough. Am Schluss wusste er sich nur noch mit einem sehr speziellen Trick zu helfen.

Der Soziologe Robert Merton entdeckte hier ein Gesetz, das jede Golferin und jeder Golfer nur zu gut kennt.

Es gibt Löcher, die können wir praktisch immer, und es gibt Löcher, die können wir praktisch nie. Es ist wie weiße und schwarze Magie.

Robert Merton, der Erfinder der Prophezeiungs-Theorie, war selber kein Golfspieler. Aber er pflegte ein Hobby, das mit unserer Aktivität nahe verwandt ist. In seiner Freizeit war er Zauberkünstler.

046 Warum sind Golfwitze oft so anzüglich?

Bevor wir uns in die theoretische Diskussion begeben, müssen wir wohl zwei Beispiele liefern.

Kennen Sie den? Die Ehegattin vergnügt sich mit ihrem Geliebten. Da klingelt ihr Handy. Sie nimmt ab, hört kurz zu, und legt wieder auf. „Wer war das?", fragt ihr Geliebter. „Das war mein Mann", sagt sie, „er sagt, es wird etwas später werden, er ist mit Dir auf dem Golfplatz."

Das war nun ein nicht sehr männerfreundlicher Witz.

Oder kennen Sie den? Ein Golfer wird vom Marshall erwischt, wie er eine Mitspielerin im Bunker beglückt. „Ein Strafschlag", sagt der Marshall. „Aber warum denn?", fragt der Golfer. „Sie hat den Boden berührt."

Das war nun ein nicht sehr frauenfreundlicher Witz.

Golf, kein Zweifel, ist das humorigste Spiel auf diesem Planeten. Über keine andere Sportart gibt es dermaßen viele Witze. Wer auf Google das Stichwort „Golfwitze" oder „golf jokes" eingibt, findet Hunderte von Beispielen. Auch die populärsten Sportarten dieser Welt können da bei weitem nicht mithalten. Selbst beim Stichwort „Fußballwitze" ist die Ernte deutlich bescheidener.

Ähnlich viele Witze wie über Golf gibt es nur über Sex.

Und damit wären wir mitten im Thema. Die Golfwitze werden, etwa im Internet, meist in zwei Kategorien unterteilt: Es gibt saubere Golfwitze und es gibt schmutzige Golfwitze. Die zweite Kategorie ist bemerkenswert stark vertreten. Auch die beiden Exemplare, die ich eingangs zitiert habe, gehören wohl dorthin. Warum sind Golfwitze oft so anzüglich? Nun, es hat mit einem weitverbreiteten Charakterzug der Golfer zu tun. Die meisten Golfer sind von einer artentypischen Ausgelassenheit. Sie haben eine Form von Beschwingtheit, die auch daher rührt, dass sie den freiheitlichsten Sport dieser Welt betreiben. Sie sind weder von Stadionmauern noch von Pisten eingekerkert.

Die führt dazu, dass sie sich oft nicht an die immer gestrengeren Vorgaben der politischen Korrektheit halten. Auf dem Golfplatz machen sie zum Beispiel dumme Witze über das andere Geschlecht. Es sind Witze, die sie im Büro und selbst auf dem Betriebsausflug nicht mehr wagen würden.

Golfplätze und Klubhäuser haben oft etwas Sympathisch-Antiquiertes. Sie sind Überbleibsel aus vergangenen Zeiten, als die Moralkeulen noch nicht permanent niedersausten. Es sind die letzten Schonzonen, wo Frauen noch Witze über nackte Männer und Männer noch Witze über nackte Frauen machen dürfen. Gutmenschen aller Art und Feministinnen aller Art werden das verdammungswürdig finden.

Ich finde es erfrischend. Golfplätze sind die letzten Widerstandsnester gegen den Zeitgeist.

Warum Golfer zu Witz und Ironie neigen, weiß jeder Golfer sehr genau. Er betreibt schließlich einen Sport, bei dem er dauernd riskiert, sich der Lächerlichkeit preiszugeben.

Wir kennen es ja alle. Wir stehen also zwanzig Meter vor einem Ententeich. Und was tun wir? Wir versenken den Ball zwischen den Enten. Wir droppen einen neuen Ball. Und was tun wir? Wir landen wieder im Teich. Die Enten schauen schon gar nicht mehr hin. In einer solchen Situation gibt es nur eines. Wir müssen über uns selber lachen.

Wer dauernd über sich selber lachen muss, der kann auch den Rest der Welt nicht allzu ernst nehmen.

047 Wann schenke ich einen Putt?

Beim Solheim-Cup, dem Ryder Cup der Frauen, kam es 2015 zum sogenannten „Gimmegate" oder „Gimme-Skandal". Am 17. Loch schob Alison Lee vom Team USA einen Putt knapp vorbei und lag danach vielleicht dreißig Zentimeter vom Loch entfernt.

Sie ging hin und hob den Ball auf, weil sie davon ausging, der Putt aus dieser kurzen Distanz sei ohnehin geschenkt. Sie war umso überzeugter davon, weil auf den bisherigen 16 Löchern solche kurze Putts von beiden Seiten immer geschenkt worden waren. Der Punktrichter sah es ebenso und hakte das Loch ab.

Nun intervenierte die Norwegerin Suzann Pettersen. Ihr Team Europa, sagte sie, habe den kurzen Putt nicht geschenkt. Die Amerikanerin bekam dadurch einen Strafschlag aufgebrummt und brach auf dem Green in Tränen aus.

Über Suzann Pettersen ergoss sich nun ein Shitstorm, der sich gewaschen hatte. „Unfair" und „widerlich" fand die Golfgemeinde ihr Verhalten. Pettersen entschuldigte sich später wortreich, sie habe „eine wertvolle Lektion gelernt". Der Kniefall half ihr nur noch wenig. Sie gilt seitdem als Zicke.

„Gimme" nennen die Amerikaner einen geschenkten Putt. „Given" oder „geschenkt" sagt man in Europa.

Der geschenkte Putt – üblich nur im Matchplay – ist eine exotische Besonderheit. Man erlässt einem Gegenspieler eine Aktion, weil man ihm zubilligt, dass er dabei sowieso erfolgreich sein wird. Es ist ein Ausdruck von Großzügigkeit und Respekt, der typisch für die Kultur des Golfspiels ist.

Stellen Sie sich einmal vor, der Torhüter sagt zum Elfmeterschützen: „Geschenkt". Stellen Sie sich einmal vor, der Billardspieler sagt seinem Gegner vor dem entscheidenden Stoß: „Geschenkt". Ich brauche nicht länger auszuholen, damit klar ist, was Golf in vielen Facetten so einzigartig macht.

Dennoch, auch beim Schenken gibt es ungeschriebene Regeln, die besser einzuhalten sind. Es sind vier Regeln.

Erstens: Schenken Sie Putts ab der Distanz von etwa 50 Zentimetern. Längere Putts sollten sie nur schenken, wenn der Mitspieler ein äußerst sicherer Putter ist. Oder er ist Ihr Chef. Oder Ihr Schwiegervater. Oder eine sehr attraktive Mitspielerin. Auf diesen letzten Spezialfall kommen wir noch zurück.

Zweitens: Schenken Sie konsequent. Entweder Sie schenken jeden kurzen Putt oder keinen. Es gibt Schlaumeier, die ein paar Putts schenken und dann plötzlich einen Putt aus derselben Distanz sehen wollen, weil sie auf einen Fehlversuch hoffen. Das sind keine Golfer, das sind Spießer.

Drittens: Schenken Sie keine Birdie-Putts. Die beste Leistung, die einem Durchschnittsgolfer gelingen kann, will er nicht gratis haben. Das will er schon selber auskosten. Dasselbe gilt für Putts, die ein Matchplay entscheiden können. Auch ein Sieg im Duell gehört in die Eigenregie.

Viertens: Bedanken Sie sich für jeden geschenkten Putt. Ein Geschenk ist ein Geschenk.

Und jetzt kommen wir noch zum Spezialfall der attraktiven Mitspielerin. Die Anleitung dazu geht so:

Eine hübsche Golf-Anfängerin spielt mit drei Männern. Nachdem ihr zwei Glücksschläge gelungen sind, liegt sie auf dem Green. „Oh Gott", sagt die Anfängerin ganz aufgeregt, „das könnte das erste Birdie meines Lebens werden. Wer von Euch mir sagt, wie ich das Birdie schaffe, den verwöhne ich die ganze Nacht." Der erste Mitspieler sagt: „Zielen Sie zehn Zentimeter rechts vom Loch, dann zieht der Ball rein." Der zweite Mitspieler sagt: „Putten Sie auf die linke Lochkante zu. Aber geben sie dem Ball genug Tempo mit." Der dritte Mitspieler sagt: „Geschenkt."

048 Passt Rauchen auf dem Golfplatz dazu?

Rauchen auf dem Golfplatz, ist das in Ordnung? Auf die Frage müssen wir zuerst mir einer Gegenfrage antworten: Wo denn sonst ist Rauchen noch erlaubt?

Ich gehöre zu einer Altersgruppe, die der heutigen Generation noch die verrückten Stories aus den Zeiten von Tabak-Wildwest erzählen kann. Ich bin noch in Flugzeugen geflogen, in denen wir hinten auf Rauchersitzen saßen. Ich bin noch in Zügen gefahren, in denen es

Raucherabteile gab. Im Büro haben wir damals geraucht. Danach zogen wir in eine Bar, dann in ein Restaurant, wo wir rauchten. Wir rauchten auch in Sportstadien, Hotelzimmern und Taxis. Das ist alles vorbei.

Vor etwa dreißig Jahren habe auch ich mit Rauchen aufgehört. Es gibt seitdem nur noch die spezielle Ausnahme. Ich rauche nur noch auf dem Golfplatz. Ich rauche nur Zigarren.

Ich rauche Zigarren beim Golfspielen, weil Zigarrenrauchen beim Golfspielen ein Lebensgefühl ausdrückt. Es ist das Lebensgefühl des Frohsinns.

Ich rauche Zigarren auf dem Platz, weil ich glücklich bin. Wir kennen das auch aus anderen glücklichen Situationen. Wenn die Fußballer des FC Bayern oder von Real Madrid die Meisterschaft gewonnen haben, dann rauchen sie in der Kabine dicke Zigarren. Wenn Hollywoodstars einen Oscar bekommen, dann rauchen sie hinterher dicke Zigarren.

Sonst rauchen die Fußballer und die Filmschauspieler nie. Sie rauchen nur in einer einzigartigen Situation. Es ist die Situation der beschwingten Fröhlichkeit. Das dampfende Genussmittel passt nun perfekt dazu. Zigarren sind ein Signal, ein Signal höchster Zufriedenheit.

Ich habe auch ein paar Freundinnen, Golf-Freundinnen, die im Klubhaus ebenfalls regelmäßig Zigarren rauchen. Ansonsten rauchen sie nie. Ich habe eine meiner Golf-Freundinnen einmal gefragt, wie es denn komme, dass sich Frauen hier auf dem Platz auf einmal dem Tabak hingeben. „Weißt Du", sagte sie, „ich bin hier wie in einer anderen Welt."

Ich fand, das war eine präzise Antwort. Wir sind auf dem Golfplatz in einer anderen Welt. Also verhalten wir uns auch wie in einer anderen Welt.

Damit kommen wir noch kurz zum Unterschied von Tabak und Tabak. Es ist der Unterschied von Zigarren und Zigaretten. Zigarrenraucher haben Stil. Ihr Rauchgerät ist die Botschaft der eigenen Beschwingtheit. Zigarettenraucher hingegen sind weniger lustorientiert. Ihr Rauchgerät ist die Botschaft der eigenen Gefangenschaft.

Zigaretten auf dem Golfplatz halte ich für unpassend. Zigarettenraucher rauchen aus einem anderen Grund als wir Zigarrenraucher. Sie rauchen nicht, weil sie, wie wir, in einen unbeschwerten Zustand sind. Nein, sie rauchen, weil sie abhängig sind von Nikotin. Sie ziehen darum auf dem Platz auch wie die Dampfrösser an ihren Stängeln, bevor sie sie seitlich im Gras entsorgen.

In verschiedenen Ländern wurde schon diskutiert, ob Rauchen auf dem Golfplatz zu verbieten sei, besonders auf öffentlichen Plätzen. Mit ganz wenigen Ausnahmen hatte das Rauchverbot nie eine Chance.

Ein gutes Argument war dabei immer dies: So wie der rauchende Normalgolfer den Ball kreuz und quer auf dem Platz herumdrischt, ist der nächste Spieler stets mindestens 50 Meter entfernt.

049 Was tue ich, wenn ich einen Betrüger ertappe?

Es ist bei heiklen Diskussionen immer am besten, wenn man mit einem Bekenntnis beginnt. Das Bekenntnis muss lauten. Auch ich bin ein Sünder. Dann darf ich auf Vergebung hoffen.

Ok, ich bin zwar ein alter Hase, aber auch ich bin ein Sünder. Gelegentlich betrüge auch ich auf dem Platz. Wenn ich zum Beispiel einen kleinen Ast hinter meinem Ball entferne und sich der Ball dadurch ein bisschen bewegt, dann brülle ich nicht jedes Mal lautstark über den Fairway: „Ich habe meinen Ball ein wenig bewegt. Gebt mir bitte sofort einen Strafschlag!"

Das Problem, wie wir mit einer Schummelei auf dem Platz umgehen, stellt sich im Grunde nur bei Turnieren. Nur dort kommt es regelmäßig vor, dass wir in unserem Flight auf Spieler treffen, die wir nicht oder nur flüchtig kennen. Es ist dann eine etwas delikate Aufgabe, den unbekannten Herrn oder die unbekannte Dame auf einen Regelverstoß hinzuweisen und ihnen womöglich einen Strafschlag anzudrehen.

Man nennt das die Kunst der Diplomatie. Wir können uns dabei an Talleyrand orientieren. Auf Talleyrand kommen wir noch zurück.

Im Normalfall ist die Kunst der Diplomatie nicht notwendig. Wenn wir mit Freunden und Bekannten spielen, dann lassen wir ohnehin Fünfe gerade sein. Wenn die Susi den Ball mit dem Eisen in eine bessere

Lage schubst, ist das doch egal. Ob die Susi nun mit 110 oder mit 115 Schlägen nach Hause kommt, spielt wirklich keine Rolle.

In echten Turnieren ist es anders. Hier geht es nicht mehr um Spiel, hier geht es um Sport. Im Sport gilt das Prinzip der Fairness, wonach sich keiner einen unberechtigten Vorteil verschaffen darf.

Wenn unser Mitspieler also den Ball wie ein Fußballspieler aus dem Rough kickt oder den Schläger im Bunker im Sand aufsetzt, dann ist die Frage, wie wir reagieren.

Und damit kommen wir zu Charles-Maurice de Talleyrand-Périgord. Talleyrand war einer der größten Diplomaten aller Zeiten. Am Wiener Kongress von 1815 gelang ihm durch opportunistisches Geschick, dass Frankreich nach Napoleons Niederlage nicht territorial abgestraft wurde.

Es gibt zwei Regeln von Talleyrand, an die wir uns bei Regelverstößen bei Turnieren halten können. Er sagt: „Beschäme nie einen Menschen, so töricht er auch sein mag." Und er sagt: „Nur Dummköpfe und Fanatiker haben keinen Humor."

Wenn unser Mitspieler also gegen den Ball kickt, dann sagen wir entweder gar nichts oder wir sagen zwinkernd und diplomatisch: „Ich fürchte, das war etwas zu viel Beckenbauer. Ist keine rote Karte, aber einen Strafschlag gibt's leider schon."

Und wenn unser Mitspieler den Schläger im Sand aufsetzt, sagen wir entweder gar nichts oder heiter und diplomatisch: „Ist schon ein Blödsinn, dass man im Wasserhindernis den Boden berühren darf, aber im Bunker nicht. Ich fürchte, Du musst trotzdem einen Strafschlag nehmen."

Und dann gibt es von Talleyrand noch eine dritte Regel. Sie warnt vor Sturheit. Sie lautet: „Mein Prinzip war immer, keine Prinzipien zu haben."

Wenn unser Mitspieler also nicht gut spielt und dann gegen den Ball kickt, was sagen wir dann? Wir sagen gar nichts, sondern lächeln in uns hinein.

Ein guter Diplomat muss häufig wegschauen können.

050 Welches ist der peinlichste Schlag im Golf?

Wenn ich auf den 18 Löchern mal wieder lausig gespielt habe, dann kenne ich einen zuverlässigen Trost. Nein, nein, nicht einen Gin Tonic oder einen Whisky Sour am 19. Loch, wie Sie jetzt vielleicht denken. Die Antwort ist profaner. Sie heißt Youtube.

Youtube ist ein Segen für Golfer, die etwas moralische Aufrüstung nötig haben. Denn Youtube zeigt uns Golfer, die es noch schlechter können als wir selbst. Und das besonders Schöne daran ist: Unter denen, die es noch schlechter können als wir selbst, sind ein Menge Weltklasse-Profis.

Die Weltklasse-Profis demonstrieren uns shanks und duffs und sogar whiffs.

Der Shank. Der Duff. Der Whiff. Die englische Sprache kennt eine Menge von hübschen Ausdrücken für eine spezielle Art von Golfschlägen. Es sind die Namen für die schrecklichsten Schläge der Welt.

Ich stelle Ihnen darum gern die fünf peinlichsten Golfschläge vor.

Nummer fünf: der Hitler. Der Hitler heißt so, weil der Spieler – wie seinerzeit der Adolf – einfach nicht mehr aus dem Bunker herauskommt. Ein schönes Beispiel liefert auf Youtube etwa Tiger Woods bei der PGA Championship von 2012, als er den Ball in die Bunkerwand haut und dann nur mit einem Seitwärtssprung vermeiden kann, dass der Ball sich ihm in den Bauch bohrt.

Nummer vier: der Duff. Der Duff ist der gewalttätige Schlag in den Boden, bei dem das Erdreich nur so durch die Luft fliegt, nicht aber der Ball. Ein schönes Video liefert dazu etwas Charly Hofmann, der mit dem Driver brutal in den Boden hackt, worauf der Ball flach davonschleicht und im hohen Gras verschwindet.

Nummer drei: der Shank: Der Shank, auch Socket geheißen, ist eine der gefürchtetsten Peinlichkeiten auf dem Fairway. Der Ball wird dabei nicht mit der Schlagfläche sondern mit deren Ferse getroffen und zischt darum unkontrolliert nach rechts weg. Schöne Beispiele liefern etwa Ian Poulter und Henrik Stenson. Hübsch dabei ist auch, wie sich die Zuschauer mit tollkühnen Hechtsprüngen vor der heransausenden Kugel in Sicherheit bringen.

Nummer zwei: der verfehlte Tap-in. Es gibt großartige Videos, welche die „worst putts ever" zeigen. Es ist unfasslich, und unfasslich tröstlich, aus welch kurzen Distanzen die Golfprofis einen todsicheren Tap-in neben das Loch schieben. Den Vogel auf Youtube schießt Ernie Els ab, immerhin mal die Nummer eins der Weltrangliste. Bei den Links-Championships in Carnoustie schiebt er einen Putt aus 16 Zentimetern daneben.

Nummer eins: Der Whiff. Der Whiff ist der englische Ausdruck für den Luftschlag. Ein schönes, weil sehr lautmalerisches Wort. Der Luftschlag ist die Krone der golferischen Peinlichkeiten, weil man im Gegensatz zu anderen missratenen Schlägen den Ball um keinen Millimeter bewegt. Beim Augusta Masters von 2018 produzierte beispielsweise Phil Mickelson am ersten Loch – whifffff – einen lupenreinen Luftschlag.

Wenn Sie wieder mal einen schlechten Spieltag hatten, liebe Golffreunde, dann fahren Sie nach Hause und schalten Sie den Computer ein. Schauen Sie sich auf Youtube die zehn schlechtesten Putts und Shanks der Profis an. Sie fühlen sich gleich wieder beschwingt.

051 Wie wichtig ist Golf als Wirtschaftsfaktor?

Eine Vorwarnung. Ich werde Sie in den folgenden fünfzig Zeilen mit Zahlen traktieren. Wer das nicht mag, soll zum nächsten Kapitel hüpfen. Dort geht es dann um Gefühle.

Die Zahlen, die ich Ihnen nun präsentiere, habe ich aus verschiedenen Studien hochgerechnet. Aber es sollte ziemlich präzis hinkommen.

Golf, so lässt sich zusammenfassen, ist weltweit eine gewaltige Industrie. Golf setzt direkt und indirekt jährlich rund 200 Milliarden Euro um.

In diesen 200 Milliarden steckt zuerst einmal der Umsatz mit Golfzubehör, also mit Schlägern, Schuhen, Bällen und Textilien. Dazu kommen die Greenfees, die Honorare der Golflehrer, die Umsätze in Klubhaus-Restaurants und die Sponsoring-Gelder für Turniere. Ein gewichtiger Teil sind Tourismus und Transport, von Reisen nach Schottland und Thailand bis zum lokalen Taxifahrer. Dazu gibt es Zulieferer aller Art, von Stromproduzenten bis zur Agrochemie.

Mit Golf sind damit weltweit rund fünf Millionen Arbeitsplätze verbunden, vom Greenkeeper in Grönland über die Reiseleiterin in Dubai bis zum Caddie in Südafrika. Die höchste Zuwachsrate weltweit hatte in den letzten Jahren die Golfindustrie Deutschlands mit einem jährlichen Plus von über sechs Prozent.

Es gibt 245 Länder auf der Welt. In 208 davon wird Golf gespielt. Ausnahmen ohne Löcher im Boden sind etwa Somalia, Turkmenistan und Liechtenstein. Es gibt 33.161 Golfanlagen auf diesem Planeten. Sie haben zusammen 567.111 Golflöcher.

Am meisten der grünen Kurse gibt es in den USA (15.047), in Kanada (2295), Japan (2290), England (1991), Australien (1591) und Deutschland (747). Aber auch Afghanistan, Kiribati und Surinam haben zumindest einen.

Alle 567.111 Golflöcher dieser Welt zu spielen, wäre natürlich eine reizvolle Abwechslung. Wenn wir pro Tag zwei Runden spielen und genug Zeit für den Transport einrechnen, dann müsste das in etwa 55 Jahren zu schaffen sein. Es ist logistisch also machbar. Ich schätze, Alltagsgolfer wie wir würden dabei etwa 60.000 Bälle verlieren. Auch das ist machbar.

Golf ist eine gewaltige Industrie. 200 Milliarden Euro im Jahr. Wir Golfer sind damit ein ökonomischer Faktor, den man nicht unterschätzen sollte. Wir tragen eine große Verantwortung für die Weltwirtschaft und wir wissen mit dieser Verantwortung umzugehen.

Gestern zum Beispiel habe ich mit Freunden in der Nähe von Wien gespielt. Ich war mir meiner Verantwortung bewusst. Ich zahlte 140 Euro für das Greenfee, 45 Euro für das Golfmobil, fünf Euro für das Wasser unterwegs, Aperitif und Nachtessen kamen auf 125 Euro und ich verlor zwei Bälle im Gegenwert von 5,50 Euro. Macht in Summe 320,50 Euro.

Ich tat es nicht für mich selbst, sondern aus selbstlosem Pflichtbewusstsein und Verantwortungsgefühl. Was tut man nicht alles, damit die Weltkonjunktur am Laufen bleibt.

052 Ist Golf cool?

Hannah ist vierzehn. Sie ist ein typischer Teenager. Sie geht in eine dieser internationalen Schulen mit Hunderten von Studenten. In der Schule haben sie zwei Golflehrer und ein eigenes Golf-Übungsgelände.

Hannah jedoch ist an Golf überhaupt nicht interessiert. Ich habe ihr gesagt, sie sei verrückt, dass sie dieses Gratis-Angebot nicht nutze und zu spielen lernt. Ich sagte ihr, sie werde das später bereuen.

„Golf ist nicht cool", sagte sie.

Die Mädchen in ihrer Klasse, und auch die meisten Jungs, sagte sie, spielen viel lieber Fußball und Basketball.

Ich habe Hannah dann gefragt, warum Golf nicht cool sei. Wir diskutierten hin und her und dann sagte sie einen überraschenden Satz. Sie sagte: „Weißt Du, diese Golfspieler sind ja nicht einmal tätowiert."

Gutes Argument. So hatte ich es mir noch nie überlegt.

Aber es stimmt. Profi-Golfer haben in der Regel eine unversehrte Haut. Tattoos, die nach außen zur Schau getragen werden, gibt's unter den Stars des Golfsports praktisch nicht.

Die Stars unter den Fußballspielern und den Basketballspielern hingegen laufen wie bemalte Teppiche über das Spielfeld. Bei manchen Weltstars des Fußballs und Basketballs ist es enorm schwierig, auf Armen, Oberkörper und Beinen überhaupt noch eine freie Fläche zu finden, auf der noch keine Tätowierung prangt.

Dazu wohnen die tätowierten Helden in riesigen Villen, haben vier Kinder von drei verschiedenen Freundinnen und brechen mit ihren Ferraris und Lamborghinis die Tempolimits. Dann randalieren sie in angesagten Nightclubs herum und schmeißen mit dem Geld nur so um sich.

Das erscheint dann täglich im Internet und ist cool.

Bei den Golfern hingegen schlägt bis heute die Geschichte eines früheren Oberschicht-Sports durch, wo man Wert auf gutes Benehmen legte. Das spürt man bis heute. Profi-Golfer sind nicht tätowiert, sie wissen, wie man mit Messer und Gabel isst, sie sind verheiratet, und wenn sie gewonnen haben, küssen sie auf dem 18. Green ihre kleinen Kinder. Das ist sicher nett, aber cool ist das nicht.

Ich glaube, wir hatten mal einen, mit dem wir die Teenager vielleicht überzeugt hätten. Da war eigentlich alles vorhanden, was einen Rockstar des Sports ausmacht. Keiner hatte mehr Glamour, mehr Skandale, Frauen und mehr Geld.

Tiger Woods, der einzige Rockstar des Golfsports, hätte bei den heutigen Teenies womöglich eine Chance als cooler Typ gehabt. Das einzige, was ihm fehlte, waren ein paar Tattoos.

053 Soll man um Geld spielen?

Ich spiele viel in Südostasien, weil ich hier seit vielen Jahren überwintere. Ich spiele also immer mal wieder mit Chinesen. Chinesen sind hier, von Vietnam bis Singapur, die vermögendste Volksgruppe und damit die Volksgruppe mit der höchsten Golfer-Dichte.

Chinesen sind fanatische Zocker. Wie fanatisch sie sind, sieht man etwa daran, dass die chinesische Glücksspiel-Kapitale in Macao inzwischen fünfmal so viel Umsatz macht wie ganz Las Vegas.

Wenn ich dann gelegentlich mit Lee Wong oder mit Wei Chang spiele, geht das so: Am ersten Loch sagen sie. „Longest Drive, fifty dollars". Dann sagen sie: „Nearest to the Pin, fifty dollars". Dann kommt: „First Hole in, fifty dollars".

So geht das achtzehn Loch lang. Damit das Ganze nicht allzu langweilig wird, haben dann Lee und Wei laufend weitere kreative Ideen: „Ball in the water, hundred dollars". Oder: „Hitting a tree, hundred dollars". Oder: „Three putts, hundred dollars".

Ich mache meistens nur bei der Wette mit, dass der Spieler mit dem schlechtesten Score nach der Runde den ersten Drink zu übernehmen hat. Die Chinesen denken jeweils, ich sei ein stinklangweiliger Spielverderber.

Soll man Golf um Geld spielen? Ich habe früher im Freundeskreis regelmäßig um Geld gespielt, teilweise auch um ansehnliche Beträge. Inzwischen mag ich das nicht mehr.

Das Spiel um Geld verändert mir mein Golfspiel zu sehr. Es geht zwar nicht um existenzielle Summen, die wir uns nicht leisten könnten. Aber es bringt ein neues Element ins Spiel, das Element der Kalkulation.

Spielen um Geld raubt dem Spiel seine Unbeschwertheit und seine heitere Sorglosigkeit. Man freut sich nicht mehr über tolle Schläge eines Mitspielers, sondern man ertappt sich dabei, dass man sich darüber zu ärgern beginnt. Man haut selber nicht mehr voll drauf wie eine fröhliche Wildsau, sondern man versucht plötzlich, die Bälle dosiert zu setzen.

Kurzum, Geld korrumpiert den Charakter. Das ist in Politik und Wirtschaft nicht anders als auf dem Fairway und Green. Ich finde inzwischen, wir sollten nicht um Geld spielen.

Eine Golfrunde, auf der es um gar nichts geht, ist wiederum auch eine verlorene Runde. Auf einer Golfrunde geht es fast immer um etwas. Die Intensität steigt, wenn ein Wetteinsatz im Spiel ist. Weil Geld kein idealer Wetteinsatz ist, müssen wir uns also Geldersatzmittel, sogenannte Geldsurrogate, einfallen lassen.

Geldsurrogate können zum Beispiel sein: Wein, Bier, Champagner, Cognac, Whisky, Portwein, Steaks, Risotti, Hamburger, Gänseleber, Thunsalat, Espresso, ein Kuss oder ein Blumenstrauß.

Das klassische Geldsurrogat in der Wirtschaftsgeschichte war immer die Briefmarke. Gute Idee, wir könnten auch um Briefmarken spielen.

054 Wie lange nach der Golfrunde darf ich darüber reden?

Es wurde schon allmählich dunkel. Paul und ich saßen im Klubhaus-Restaurant beim Kaffee und unterhielten uns über die Entwicklung an den Börsen.

Ich sagte, ich würde nach wie vor auf ökologische Aktien setzen, etwa auf Unternehmen, die sich spezialisierten auf die Energiegewinnung durch Sonne, Wind und Wasser.

Die Antwort von Paul war einigermaßen verblüffend. Er sagte: „Ich glaube, ich schlage am vierten Loch in Zukunft nicht mehr mit dem Driver ab."

Dazu sagt man Flashback.

Ein Flashback ist in der Psychologie als blitzartig einsetzende Erinnerung definiert. Er ist ein plötzlicher Nachhall, der durch einen sogenannten Schlüsselreiz ausgelöst wird. Der Schlüsselreiz kann eine verbale Äußerung sein, eine kurze Bemerkung beispielsweise, aber auch ein Duft, ein Bild oder eine Melodie. Er führt dazu, dass sich eine Person schlagartig in ein Erlebnis der Vergangenheit zurückversetzt fühlt. Der Flashback dauert in der Regel nur wenige Sekunden.

Woher kam der Flashback von Paul? Er hatte am vierten Loch einen weiten Drive geschlagen, ihn aber leider zu sehr nach rechts verzogen, sodass er ins Wasser rollte. Mit einem Holz drei oder Holz fünf wäre ihm das nicht passiert. Als ich dann in unserem Gespräch über Börsenkurse die Wasserkraft erwähnte, dachte er ans Wasser und sagte: „Ich glaube, ich schlage am vierten Loch in Zukunft nicht mehr mit dem Driver ab."

Flashbacks sind ein fester Bestandteil des Golferlebens. Wir können uns kaum dagegen wehren. Wir stehen beispielsweise im Bunker, die Sonne scheint hell, und auf einmal erinnern wir uns an diesen Platz in Ägypten, wo wir einmal von einer Sanddüne den Ball zurück auf die Spielbahn hebeln mussten.

Oder wir sitzen auf der Terrasse, die Kellnerin stellt den Rucola-Salat vor uns hin, wir schauen auf den grünen Salat, und da fällt uns dieses idiotische Loch vierzehn ein, an dem wir zwei Stunden zuvor zwei Schläge brauchten, bis wir aus dem Kraut wieder zurück auf dem Fairway waren.

Ich habe mich früher immer darüber amüsiert, warum Golfer auch Stunden nach der Golfrunde noch von ihrer Golfrunde erzählen. Ich dachte, die können einfach nicht abschalten. Ich dachte, spätestens eine Minute nach der Golfrunde ist die Golfrunde vorbei.

Seit ich mich etwas näher mit der Theorie des Flashbacks beschäftigt habe, bin ich da nachsichtiger geworden. Unsere golferische Vergangenheit poppt in unserem Gehirn auf. Es ist darum völlig in Ordnung, wenn wir auch Ewigkeiten nach einem Spiel noch darüber schwadronieren. Es geht um Vergangenheitsbewältigung.

Besonders heftig, so habe ich mir sagen lassen, fallen Flashbacks dann aus, wenn ihnen traumatische Erlebnisse zugrunde liegen.

Traumatische Erlebnisse – was das ist, muss man einem Golfer nicht erklären.

055 Was sind Golffreundschaften wert?

Michael habe ich im Betrieb kennengelernt. Er kam von außen, ich war schon dort. Wir waren uns schnell sympathisch. Es wurde eine private Freundschaft daraus. Wir gingen immer mal wieder gemeinsam aus und schwadronierten über Gott und die Welt und über das Geschäft.

Christoph habe ich auf dem Golfplatz kennengelernt, bei einem Einladungsturnier. Wir waren uns schnell sympathisch. Es wurde eine private Freundschaft daraus. Wir gingen immer mal wieder gemeinsam aus und schwadronierten über Gott und die Welt und über Golf.

Ich verließ die Firma und zog weg. Ich war seltener in meiner alten Heimat, aber doch immer mal wieder. Es ist bemerkenswert, was dann geschah.

Mit meinem Berufskollegen Michael franste die Freundschaft allmählich aus. Erst rief ich ihn jeweils an, wenn ich in der Gegend war, auch er meldete sich regelmäßig und wir gingen auf einen Lunch oder ein Abendessen. Dann begann der Kontakt zu bröckeln, die Treffen wurden seltener und seltener. Wir sehen uns nur noch selten, eigentlich nur dann, wenn sich kurzfristig eine zufällige Gelegenheit ergibt.

Mit meinem Golfkollegen Christoph hingegen lief es umgekehrt. Wir spielen jedes Mal eine Runde oder zwei, wenn ich im Lande bin. Er hat mich auch schon an meinem Wohnort besucht, weil es auch da ein paar hübsche Plätze gibt. Wir sind über WhatsApp in häufigem Kontakt. Nach jeder Golfrunde planen wir, wo und wann wir die nächste Runde angehen könnten.

Es ist nicht der einzige Fall einer langjährigen Golferbeziehung. Ich habe einige Freunde, mit denen ich seit zwanzig Jahren spiele, manchmal mit Pausen, aber immer wieder. Anderen Golfern und Golferinnen geht es genauso. Wir verlieren uns nie aus den Augen.

Freundschaften vergehen, Golffreundschaften bestehen.

Golffreundschaften sind darum so stabil, weil sie einen Kern haben. Der Kern ist Golf. Rund um Golf kreisen auf dem Platz und im Klubhaus auch andere Themen, aber der Kern bleibt.

Wenn sonst Freundschaften enden oder auseinandergehen, dann vielfach darum, weil ihnen der Kern abhandenkommt. Die Arbeitswelt verändert sich, es wechseln die Interessen, die Vorlieben, der Lebensstil. Die Gemeinsamkeiten werden kleiner, und irgendwann reichen die Gemeinsamkeiten nicht mehr aus für eine enge Freundschaft.

Beim Golf ist das anders. Da gibt es immer eine große Gemeinsamkeit, nämlich dieser kleine Ball.

Golffreundschaften sind darum Freundschaften fürs Leben.

056 Wer hat den besten Schwung aller Zeiten?

Als Ben Hogan 1953 die British Open in Carnoustie gewann, empfing ihn New York mit einer Konfettiparade, einer „Ticker-Tape Parade", wie sie die Ehrung in Übersee nennen.

Nur die großen Figuren der Menschheitsgeschichte bekommen in New York eine Konfettiparade, etwa Präsident Theodore Roosevelt, Nobelpreisträger Albert Einstein, Atlantikflieger Charles Lindbergh, Englands Premierminister Winston Churchill und die Astronauten von Apollo 11.

Und einmal ein Golfer. Ben Hogan.

Hogan war enorm populär. Vier Jahre vor seinem Sieg und seiner Parade war er bei einem Autounfall fast ums Leben gekommen. Er hatte sich, als er den frontalen Zusammenstoß kommen sah, schützend über seine Frau geworfen, die auf dem Nebensitz saß. Erst sah es danach aus, als ob er nie mehr gehen könnte. Doch der schwer verletzte Hogan kämpfte sich zurück. Er war der erste, der 1953 drei von vier Major-Turniere im gleichen Jahr gewinnen konnte. Nach ihm schaffte das nur noch Tiger Woods.

Unsterblich aber wurde er aus einem anderen Grund. Hogan hatte den besten Schwung, den jemals ein Golfer hatte. Wenn es den klassizistischen Schwung gibt, dann bei Ben Hogan. Hogan hatte als einziger bis heute den perfekten Schwung.

Es gibt auf Youtube einige Videos von Hogans Golf. Es ist faszinierend, wie fließend und dynamisch sein Schwungablauf ist. Im Rückschwung dreht er unglaublich aus, dann kippt er mit einer gewaltigen Hüftdrehung in den Abschwung ein, verzögert den Ballkontakt, bis im letzten Moment seine Handgelenke den Schläger wie eine Peitsche nach vorne knallen.

Hogans Schwung ist identisch mit den Gemälden von Leonardo da Vinci und den Pyramiden von Hemiunu. Sie sind einzigartig, perfekt und unerreicht. Das Magazin „Sports Illustrated" schrieb einmal über Hogan, er habe etwas Unvorstellbares geschafft, nämlich „das Beherrschen eines unbeherrschbaren Sports".

Zum Glück für uns hat Hogan ein Buch geschrieben, in dem er sagt, wie es geht. Er hat es 1957 publiziert, und es ist das wohl beste Golfbuch aller Zeiten. Es heißt „Five Lessons: The Modern Fundamentals of Golf". Auf Deutsch ist es unter dem Titel „Der Golfschwung" erschienen.

Hogan schreibt zuerst 19 Seiten lang über den richtigen Griff, dann 23 Seiten lang über den richtigen Stand, dann 22 Seiten über den Rückschwung, dann 22 Seiten über den Abschwung und dann 24 Seiten, wie man das alles zusammenbekommt.

Das Buch liest sich manchmal etwas technisch, aber es sagt in einfachen Worten, wie es geht. Die Oberarme zum Beispiel liegen eng am Oberkörper. Der Schwung beginnt unterhalb der Gürtellinie. Die Handgelenke sind im Treffmoment vor dem Ball. Der rechte Fuß bleibt möglichst lange auf dem Boden.

Wenn Sie das Buch lesen und es genauso machen, wie Ben Hogan es Ihnen doziert, dann werden Sie eine gewaltige Überraschung erleben. Dann gewinnen Sie die nächsten British Open.

057 Wie viele Schläger braucht es in der Tasche?

Im Golfklub Goldenberg in der Nähe von Zürich spielen sie jeweils zum Ende der Saison ein Spaßturnier. Es ist ein 4-Schläger-Turnier. Die Teilnehmer dürfen nur vier Schläger mit auf die Runde nehmen.

Vor drei Jahren gewann mein Freund Willy. Er siegte mit 38 Stableford-Punkten. Er hätte sein Handicap 11 also flott hinuntergespielt. Auch der Zweite und Dritte der Rangliste hätten mit ihren bloß vier Schlägern ihr Handicap verbessert.

In der Golftasche sind 14 Schläger erlaubt. Das ist die Theorie. Interessanter ist die Frage in der Praxis. Wie viele von den 14 Schlägern brauchen wir überhaupt? Wie man sieht, sind vier Schläger genug, um besser zu spielen als mit zehn Schlägern mehr. Willy zum Beispiel hatte in den Wochen zuvor, mit prall gefülltem Bag, keinen ähnlich guten Score erreicht.

Wie viele von den 14 Schlägern brauchen wir überhaupt? Dazu auch eine kleine Geschichte aus dem Profilager. Als Ben Hogan 1950 im Merion Golf Club das U.S. Open spielte, nahm er kein Eisen sieben in seiner Golftasche mit. Als er nach dem Grund gefragt wurde, sagte er: „Es gibt auf diesem Golfplatz keine Schläge, wo man ein Eisen sieben braucht." Hogan gewann das Turnier.

Ich habe auch 14 Schläger in der Tasche, drei Hölzer, zehn Eisen und den Putter. Warum zum Teufel, so frage ich mich oft, brauche ich zehn Eisen? In meiner Stärkeklasse ist doch vollkommen egal, ob ich aus 130 Metern ein Eisen sieben nehme oder ein Eisen sechs nehme. Falls ich richtig gut treffen würde, täte es auch ein Eisen acht.

Falls ich richtig gut treffen würde ... Genau das aber ist mein Problem bei Eisen drei, Eisen vier, Eisen fünf, Eisen sechs, Eisen sieben, Eisen acht, Eisen neun und all diesen Eisen-Wedges, die ich auch noch mit mir schleppe.

Es gibt Statistiken, wonach ein Golfamateur etwa acht bis zehn Schläger regelmäßig einsetzt. Am häufigsten sind das, in absteigender Reihenfolge, der Putter, der Pitching Wedge und der Driver. Ein Eisen sechs oder ein Eisen neun nimmt er vielleicht einmal auf der Runde in die Hand. Besonnene Golftrainer raten darum den mittelmäßigen Spielern, es bei etwa sieben bis acht Schlägern im Bag bewenden zu lassen. Lieber sieben, die man kann, als vierzehn, mit denen man sich verhaut.

Nur, vermutlich geht es um etwas Anderes. Mich erinnern meine 14 Schläger in der Tasche immer an meine Küche. Ich habe dort auch etwa 14 Stahlmesser. Ich weiß nicht warum, die Hälfte würde genügen. Ich habe auch etwa 14 Armbanduhren. Die Hälfte würde genügen. Und ich habe 14 Hermès-Krawatten. Die Hälfte würde genügen.

Damit sind wir beim entscheidenden Punkt. Bei den schönen Dingen des Lebens wollen wir Auswahl und Variantenreichtum. Die Auswahl lässt uns die schönen Dinge noch intensiver auskosten. Der Variantenreichtum steigert unsere Vorfreude.

Mit welchem Messer zerteile ich das Rindsfilet? Welche Armbanduhr trage ich heute bei der Vernissage? Welche Krawatte binde ich mir für die Sitzung um? Wir überlegen dann genussvoll hin und her, und während wir überlegen, freuen wir uns zunehmend auf den Moment. Die Auswahl hat etwas Prickelndes.

Welchen Schläger nehme ich? Es ist genauso. Es steigert die prickelnde Vorfreude auf den nächsten Schlag.

058 Gehören wir Golfer zur Elite?

Die Frage ist berechtigt, aber sie ist schwierig zu beantworten. Denn wir müssen sie numerisch angehen. Da gibt es allerdings zwei unterschiedliche Ansätze.

Es gibt nur drei Länder in Europa, wo Golf schon fast ein Breitensport ist. Das sind Schweden, Irland und Schottland. Hier greifen vier bis fünf Prozent der Bevölkerung zum Schläger. Noch fleißiger sind nur die Spitzenreiter aus Kanada mit hohen vierzehn Prozent und die USA mit acht Prozent.

In normalen Ländern ohne große Golftradition spielt in der Regel ein Prozent der Bevölkerung. In Deutschland sind es 0,8 Prozent, Tendenz eher sinkend, weil sehr wenige der sehr vielen Immigranten ein Golfhandicap haben. In der Schweiz und in Österreich spielen 1,2 Prozent der Wohnbevölkerung.

Golfer sind also im deutschsprachigen Raum eine kleine Minderheit. Ein Prozent. Demnach wäre Golf ein Elitesport.

Und damit sind wir bei der Crux der rein zahlenmäßigen Betrachtung. Noch deutlich weniger als ein Prozent der Bevölkerung nämlich zählen die Hammerwerfer, Freistilringer und Rennrodler. Damit wären die wirklich echten Elitesportarten Hammerwurf, Freistilringen und Rennrodeln.

Für die Damen unter uns könnten wir noch die Elitesportarten Synchronschwimmen und Rhythmische Sportgymnastik hinzufügen. Das machen auch weniger als ein Prozent. Wir sehen, so kommen wir nicht weiter.

Aufschlussreicher ist eine andere Betrachtungsweise. Wir beziehen uns dabei auf Karl Marx, einen unverdächtigen Nichtgolfer. Seine bevorzugten Sportarten waren zügelloses Rauchen von Zigarren und heftiger Konsum von Bordeaux..

Marx wusste genau, wo bei der Verwandlung der bösen Welt in ein proletarisches Paradies anzusetzen war. Als erstes musste die Elite der Grundbesitzer enteignet werden. Die Spätmarxisten von heute, etwa in Berlin, sehen das ganz ähnlich.

Nichts befeuert den Neid und die Missgunst der Besitzlosen stärker als Grundbesitz. Das Wort Großgrundbesitzer hat ungefähr denselben Klang wie das Wort Serienmörder.

Damit sind wir der Sache auf den Grund gekommen. Ein schöner Golfplatz hat einen Flächenbedarf von mindestens 60 Hektar. Etwa einen Zehntel davon braucht es für die Übungsanlagen wie die Driving Range, für den Parkplatz und das Klubhaus. Der Rest ist Spielfläche.

Golfer beanspruchen mit weitem Vorsprung das größte, künstlich geschaffene Spielfeld im Sport – volle 60 Hektar für jene rund hundert Spieler, die bei voller Auslastung gleichzeitig auf dem Spielfeld sind. Auf eine übliche Golfanlage passen 85 Fußballfelder und 3100 Tennisplätze. Und 2'790'700 Schachbretter.

Und es passen darauf auch 200 Minigolfanlagen von unseren kuriosen und entfernten Verwandten.

Wir sind die Könige der Fläche. Darum wird Golf seinen Ruf als Tanzparkett der besseren Klasse wohl nie loswerden. Wir sind die Großgrundbesitzer des Sports. Wir sind, nüchtern und numerisch betrachtet, tatsächlich die Elite. Es macht keinen Sinn, wenn wir Großgrundbesitzer uns ständig volksnah geben. Wir werden es nie. Die Elite dieser Gesellschaft wird in Hektaren gemessen.

059 Wann spiele ich einen Sicherheitsschlag?

Es war vor etwa einem Jahr, aber ich erinnere mich noch genau. Ich hatte einen guten Tag, und ich wusste, dass ich das Turnier gewinnen konnte. Ich hatte bis zum 17. Loch fast keine Fehler gemacht.

Dann kam das 17. Loch. Ich lag auf der rechten Seite des Fairways unter den Bäumen. Es gab zwei Möglichkeiten. Ich konnte die riskante Variante wählen und versuchen, mit einem Punch-Shot unter den Bäumen durch aggressiv das Green anzugreifen. Oder ich konnte einen Sicherheitsschlag in die Mitte des Fairways spielen.

Ich entschied mich für den todsicheren Sicherheitsschlag.

Es ging schief. Ich toppte den Sicherheitsschlag, er rollte knapp ins Wasser. Ich wurde dann Dritter.

Welcher Schlag misslingt garantiert? Es ist der Schlag, der nicht mein Schlag ist.

Ich bin vom Golfcharakter her eher der Typus des Hasardeurs. Ich haue in der Regel drauf, ohne allzu viel zu denken und ohne Rücksicht auf Verluste. Ich glaube an den Zauberschlag um all die Bäume herum und über all die Bunker mitten aufs Grün. Motto: No risk, no fun.

Wenn es gut geht, geht es gut, wenn nicht, dann eben nicht. Ein Sicherheitsschlag gehört nicht in mein Repertoire. Darum misslingt mir der Sicherheitsschlag, es ist nicht mein Ding.

Dann gibt es das Gegenteil, den Typus des Buchhalter-Golfers. Der Buchhalter kalkuliert seine Schläge. Silvia ist so ein Beispiel. Sie schwingt mit halber Kraft, total kontrolliert und immer schnurgerade. Wenn sie ausnahmsweise mal etwas abseits liegt, dann legt sie vor. Sie glaubt nicht an den Wunderschlag um all die Bäume herum und über all die Bunker mitten aufs Grün. Motto: Too much risk, no fun.

Silvia, mit der ich gelegentlich spiele, ist tatsächlich Buchhalterin. Sie spielt nur Sicherheitsschläge. Einen Zauberschlag versucht sie nie. Und wenn sie es je versuchte, es würde mit Sicherheit schiefgehen. Es ist ein Schlag, der nicht ihr Schlag ist. Es ist nicht leicht gegen sie zu gewinnen, weil sie das Bogey fast immer auf sicher hat.

Die meisten Männer können Sicherheitsschläge nicht. Wir können stattdessen Zauberschläge. Zumindest von Zeit zu Zeit.

Wann also spielen wir einen Sicherheitsschlag? Die richtige Antwort lautet: nie.

Alle paar Wochen gelingt uns nämlich tatsächlich einer dieser Schläge, genauso, wie wir uns das vorgenommen haben. Dann dreschen wir, aus 200 Metern Entfernung, mit dem Dreier-Holz vom Waldrand übers Wasser, der Ball bekommt genau jenen leichten Fade, den es braucht, er rollt aufs Green und bleibt drei Meter vor der Fahne liegen.

Nun ist das Thema Sicherheitsschlag für die nächsten paar Wochen mit Sicherheit kein Thema mehr.

Silvia steht daneben und sagt: „Sehr schön, aber könntest Du das auch ein zweites Mal?" Wir überhören die unqualifizierte Bemerkung.

060 Warum sind Golfer so großzügig?

Beim US Open von 2005 erwischte es Phil Mickelson auf der 72. und letzten Spielbahn. Er verzog den Drive und kassierte ein Double Bogey. Dadurch verlor er das Turnier um einen Schlag und wurde Zweiter.

„Was bin ich nur für ein Idiot", sagte Mickelson. Dennoch fuhr der enttäuschte Spieler nach der Siegerehrung nicht direkt zum Flughafen, um sich mit seinem Privatjet so schnell wie möglich davonzumachen. Er ging erst ins Klubhaus zurück, dankte den Angestellten von Garderobe und Empfang und verteilte rund 10'000 Dollars an Trinkgeldern in Cash.

Es ist ein gutes Beispiel für eine weitverbreitete Eigenschaft im Golf-Milieu. Golfer sind großzügig. Kleinkariert sind sie selten.

Das Beispiel von Mickelson machte seitdem auch bei uns Amateuren Schule. In einer freundschaftlichen Runde spielen wir mitunter um einen „Mickelson". Derjenige im Flight, der Letzter wird, gibt zum Schluss dem Caddie ein Extra-Trinkgeld. Wenn schon der Spieler die Runde vergeigt, soll sich wenigstens der Caddie freuen.

Ich habe in meinem Leben über ein halbes Dutzend Sportarten wettkampfmäßig betrieben, von Fußball über Rudern bis Tennis. Die Golfer, kein Zweifel, sind die generösesten Zeitgenossen.

Im Klubhaus gibt es mitunter ja fast Streit, wer beim Aperitif die Drinks übernehmen darf. Auch vorher auf der Runde ist selbstverständlich, dass beim Halbweg-Haus einer oder eine die Getränke für den ganzen Flight übernimmt.

Am großzügigsten aber sind wir Golfer im Gelände. „Den kannst Du besser legen", sagen wir zum Gegner, wenn sein Ball in einer Unebenheit endet. „Den kannst Du wiederholen", sagen wir zum Gegner, wenn wir während seines Schwungs geredet haben. „Den kannst Du straffrei droppen", sagen wir zum Gegner, wenn sein Ball ins Laub gerollt ist.

Und wenn der Gegner seinen Ball hinter einem Baum etwas nach vorne kickt, dann sagen wir gar nichts.

Natürlich ist unsere Großzügigkeit nicht ganz uneigennützig. Wir behandeln die anderen so nachsichtig, weil wir ebenso behandelt werden möchten. Wir sind auch froh, wenn wir auf der Outlinie liegen und unser Gegner sagt kulant zu uns: „Der ist eindeutig drin."

Golfer sind großmütig, weil sie permanent den großen Gefahren dieses Planeten gegenübertreten. Die großen Gefahren lauern überall auf unserem Spielfeld. Es sind, unter anderem, hohe Gräser, tiefe Weiher, breite Bäume, gurgelnde Bäche, schiefe Abhänge und dichtes Gestrüpp. Angesichts dieser Großgefahren sind wir dankbar über etwas Nachsicht im Kleinen.

In anderen Sportarten gibt es all diese Gefahren nicht. Ein Tennisplatz zum Beispiel ist ein topfebenes Rechteck aus Kunststoff oder geschorenem Gras. Ich möchte die Tennisspieler mal sehen, wenn es auf ihrer Spielfläche überall Weiher, Sandlöcher und Baumgruppen gäbe.

Spendabel sind wir Golfer aber auch dort, wo unser Platz noch am ehesten einem Tennisplatz ähnelt, nämlich auf dem Green. Hier können wir, wie nirgendwo sonst, großzügige Geschenke verteilen.

„Geschenkt!" rufen wir darum generös, wenn der Ball unseres Gegners in akzeptable Nähe des Lochs rollt. Wir wissen alle, dass es zu den deprimierendsten Schlägen im Golf gehört, wenn wir ein Putt aus kurzer Distanz danebenschieben.

Das vermeiden wir, indem wir unserem Gegner das großzügigste Geschenk machen, das wir machen können. Es besteht darin, dass nicht der Gegner, sondern wir sein Spiel erfolgreich beenden. „Geschenkt!" rufen wir.

Schenken macht Freude. Denn nur ein geschenkter Putt ist ein todsicherer Putt.

061 Warum spielen wir das letzte Loch meistens so gut?

Auf meinem Heimplatz hatten wir ein wunderbares Loch 18. Es war das tückischste Loch auf dem Platz, ein klassisches Inselgrün, rundherum umgeben von Wasser. Auf das kleine Green führte nur eine schmale Brücke.

Vor ein paar Jahren wurde der Platz total renoviert. Als er wiedereröffnet wurde, war das Inselgrün verschwunden. Wo vorher Wasser war, war nun Gras. Das hatte einen Grund, auf den wir noch kommen.

Das letzte Loch, die 18, ist ein spezielles Loch. In der Regel ist es ein Par 4. Es ist, in einer psychologischen Betrachtung, das weitaus interessanteste Loch.

Bemerkenswert am 18. Loch ist, dass es oft das Loch ist, das wir zum Schluss richtig gut spielen. Wir haben eine Birdie-Chance, ein Par, ein sicheres Bogey, je nach Spielstärke.

Warum spielen wir das letzte Loch fast immer so gut? Es gibt drei mögliche Gründe.

Grund eins: die Resignation. Wir kommen auf die 18 und haben zuvor schlecht gespielt. Wir haben die hohen Erwartungen an unser eigenes Spiel begraben müssen. Es ist uns für heute alles egal. Entsprechend entspannt gehen wir die Sache an und zeigen unverkrampft die besten Schläge aus unserem Repertoire.

Grund zwei: das Klubhaus. Die 18 ist ja das einzige Loch, wo wir Zuschauer haben. Die Zuschauer sitzen auf der Klubhausterrasse und schauen zu, weil auf den meisten Plätzen das 18. Loch als Freiluftkino konzipiert ist. Also geben wir uns doppelte Mühe.

Dazu kurz der klassische Witz aus diesem Segment:

Zwei Golfer stehen auf dem 18. Fairway. Der eine macht Probeschwung um Probeschwung um Probeschwung. „Warum spielst Du nicht endlich?", fragt der andere. „Da vorne auf der Klubhausterrasse sitzt meine Frau", antwortet der, „darum muss mir jetzt der geniale Schlag gelingen." „Vergiss es", sagt der andere, „aus dieser Distanz triffst Du sie nie".

Aus einem vergleichbaren Grund haben sie auf meinem Heimplatz das Inselgrün an der 18 beseitigt. Sie wollten nicht mehr, dass sich die Klubterrasse in eine Party verwandelte, bei der es die ganze Zeit hieß: „Schau dort, der Franz, aus dieser Distanz trifft der sicher ins Wasser." Was dann zum Gaudi des Publikums prompt geschah – und dann kommen Petra, Klaus und Patrizia dran.

Grund drei: die Golfgötter. Jetzt wird es leicht übersinnlich. Aber ich glaube, es ist die plausibelste Variante. Die Golfgötter locken uns mit ihren süßen Versprechungen immer wieder auf den Platz. Heute könntest Du die Runde des Lebens spielen, flüstern sie uns zu, heute könntest Du Dich wie ein Eagle von Birdie zu Birdie schwingen.

Dann folgt, wie in der griechischen Mythologie, das laute Gelächter des Olymps. Die Götter schicken uns auf die Odyssee der Entbehrungen und der Trostlosigkeit. Sie senden uns die schrecklichen Plagen dieser Welt, die Slices, die Sockets und Bunkershots.

Dann, am 18.Loch, versöhnen sich die Götter mit uns. Sie schließen ihre Büchse der Pandora und lassen uns das letzte Loch richtig gut spielen. Sie geben uns einen Funken Hoffnung.

Wir machen aus dem Funken Hoffnung sofort einen Großbrand der Hoffnung. Am nächsten Tag stehen wir voller Erwartung auf dem Platz.

062 Wie verschwindet der Slice?

Ich werde mich hüten, mich in diesem Buch als Golflehrer aufzuspielen. Dazu ist mein Handicap zu schlecht. Ich werde Ihnen also nicht sagen, wie Sie die richtige Schwungebene einleiten, die Hüftdrehung richtig umsetzen oder die richtige Ansprechposition finden.

Eine didaktische Ausnahme mache ich. Die Ausnahme ist der Slice. Ich mache die Ausnahme, weil der Slice die größte Geisel der Golfer ist.

Etwa die Hälfte der Golfer leiden immer wieder unter dem Slice, diesem schrecklichen Schlag, bei dem der Ball erst kurz geradeaus fliegt und dann unkontrolliert nach rechts ins Wasser oder ins hohe Gras abbiegt. Bei Linkshändern ist es um 180 Grad umgekehrt, aber ebenso desaströs.

Der Slice gehört damit zu den großen Plagen der Menschheit, so, wie sie Johannes der Evangelist in seiner Offenbarung beschrieben hat. Er nannte als Plagen der Menschheit unter anderem Dürre, Geschwüre, Erdbeben und vergiftete Meere. Wir schließen daraus, dass J.d.E. kein Golfspieler war. Sonst hätte er in seiner Apokalypse sicherlich den Slice erwähnt.

Golfbücher und Golf-Sites sind voll mit Anweisungen, wie der Slice wegzubekommen ist. Die Slice-Bekämpfung ist schon fast eine eigene Literaturgattung, so wie Krimis oder Liebesromane.

Ich habe die Anti-Slice-Literatur studiert und kann Ihnen darum zusammenfassend sagen, wie Sie den Slice kurieren. Es ist einfach.

Sie müssen bloß den Handrücken in Linie zum Unterarm setzen, eine flache Schwungebene wählen, von innen nach außen schwingen, die linke Hüfte zum linken Fuß verschieben, in einen stärkeren Griff wechseln, den Ellbogen beim Rückschwung unten halten, die Arme früher als die Hüften bewegen, einen offenen Stand eingehen, das Gewicht verzögert verlagern, den Kopf hinten halten und die Handgelenke rotieren.

Das bitte alles gleichzeitig. Und der Slice ist weg.

Ich könnte Ihnen jetzt sagen, wie der Slice wirklich weg geht. Aber ich zögere noch. Ich will ja schließlich keine Existenzen zerstören. Der Golfpro in meinem Klub hat mir einmal gesagt: „Weißt Du, etwa ein Drittel meines Einkommens verdanke ich dem Slice." Er hat zwei kleine Kinder.

Nun gut, ich sage trotzdem, wie der Slice verschwindet. Machen Sie es wie meine Freundin Britta.

Britta hat Handicap null. Alle ihre Schläge sind kerzengerade. Sie greift den Schläger fast nur mit den Fingerspitzen. Wenn es regnet und der Griff nass ist, fliegt ihr der Schläger manchmal davon, weil sie ihn derart sanft in der Hand hält. Physikalisch kann ihr Schläger darum gar nicht anders, als im freien Schwung in einem 90-Grad-Winkel auf den Ball zu treffen. Er schwingt wie ein Pendel, das nur oben leicht befestigt ist. Britta nutzt dadurch das physikalische Prinzip des Trägheitsmoments. Man nennt es Inertia. Es ist die Erkenntnis, dass ein Pendel seine Eigenschaften nur verändert, wenn externe Kräfte auf ihn einwirken. Bei Brittas Schläger gibt es beim Schwung keine störenden externen Kräfte.

Das Gegenteil ist bei vielen Männer der Fall. Sie umklammern den Schläger, als ob sie einen Vorschlaghammer in Händen hielten. Der Schläger schwingt darum nicht gelöst und ungestört, sein natürliches Pendel wird stattdessen von einer rohen, externen Kraft gesteuert und verfälscht. Diese äußere Kraft verhindert logischerweise die harmonische Schwungkurve. Anders als bei Britta darf der Schläger keine ungestörte Pendelbewegung mehr durchführen. Man zwingt ihm mit harter Hand einen externen Willen auf – und diese harte Hand führt zum Slice.

Mein Golfpro, dessen Existenzgrundlage der Slice ist, hat mir gesagt, dass fast alle seiner Slice-Patienten Männer sind. In dieser Spezies dominiert das Prinzip der rohen Kraftentfaltung.

Frauen slicen seltener, weil sie beim Griff zum Schläger das viel feinere Händchen haben. Sie klammern sich nicht am Schläger fest, sie lassen ihm seine beschwingte Freiheitsbewegung.

Also Männer, wenn Sie den Slice weghaben wollen, dann gibt es ein einfaches Rezept. Halten Sie den Schläger nur mit den Fingerspitzen. Spielen Sie wie Britta. Spielen Sie wie eine Frau.

063 Warum ist Tiger Woods so populär geworden?

Auf den Golfplätzen der USA sind die „beer girls" unterwegs. Sie fahren mit ihren Elektrowagen, gefüllt mit eisgekühltem Budweiser und Coors, den Spielbahnen entlang.

Unter Golfern heißen die „beer girls" auch „beer babes". Das hat einen Grund. Wenn man ein schönes Trinkgeld drauflegt, dann liefern sie eine Zugabe. Sie ziehen dann ihr T-Shirt bis zum Halse hoch. Büstenhalter tragen sie darunter keine.

Solche Dinge muss man wissen, wenn man die jahrzehntelange Begeisterung rund um Tiger Woods verstehen will. Tiger ist dunkelhäutig, aber er ist das Idol der weißen US-Mittelschicht.

Woods schaffte es in enorme Höhen, beruflich wie privat, stürzte dann in enorme Tiefen, erneut beruflich wie privat, es folgten Sex-Affären, sportliches Versagen, Verkehrsunfälle, Scheidung, Medikamentenprobleme, gutes Golf und dann wieder schlechtes Golf.

Kurzum, Tiger Woods ist wie du und ich.

Woods hatte in seinem Leben nur zwei Probleme. Das eine Problem war vorne zwischen seinen Beinen. Das andere Problem war hinten im Rücken, etwas weiter oben.

Das Problem vorne zwischen den Beinen begann etwas früher. Im Jahre 2009 setzte er seinen Cadillac Escalade nahe seines Hauses in Florida in einen Feuerhydranten. Es war halb drei Uhr morgens. Ihr Tiger, so bekam seine schwedische Gattin Elin Nordegren schnell heraus, kam von einem außerehelichen Abenteuer.

Es war nicht sein einziges Hole-in-one. Es meldeten sich nun ein gutes Dutzend Ladys, die mit ihm ebenfalls die Bettstatt geteilt hatten. Es waren darunter erstaunlich viele Aktricen aus der Pornoindustrie, die auf Namen wie Loredana Jolie, Holly Sampson und Joslyn James hörten.

Der Abscheu der männlichen Golfergemeinde über den Ungetreuen war sehr limitiert. Man erinnerte sich jeweils noch zu gut an die „beer babes" vom letzten Wochenende, und daran, was man den Kollegen über sie zugeraunt hatte.

An die 30 Millionen Amerikaner spielen Golf. Die normalen Spieler sind weiße Handelsvertreter, Hotelmanager, IT-Ingenieure und Bankprokuristen. Sie wissen, wie es ist, wenn man im Job mal Probleme hat. Vielleicht haben sie gerade eine Kampfscheidung oder einen Autounfall oder ein Drogenproblem hinter sich. Sie wissen, wie das ist im Leben. Es ist wie bei Woods.

2014 begann dann für Woods das echte Problem. Der Rücken wollte nicht mehr. Im Frühsommer 2017 fand ihn die Polizei morgens um drei, schlafend in seinem Mercedes am Straßenrand. Der Alkoholgehalt im Blut von Woods lag bei 0,0 Prozent. Was im Blutbild hingegen gefunden wurde, waren rezeptpflichtige Medikamente wie die Schmerzmittel Torix und Solarex gegen die Rückenschmerzen.

Sowohl bei seiner Sex-Affäre als auch bei seiner Medikamenten-Affäre hielt sich Woods an die übliche US-Dramaturgie der Rehabilitation. Er entschuldigte sich vor den Medien und bei allen. Das Publikum jauchzte. Nichts lieben die Amerikaner mehr als ein öffentliches mea culpa und eine nachfolgende Verzeihung. Auch wenn ein US-Präsident jemals einen weltweiten Atomkrieg entfesseln sollte, sich aber hinterher entschuldigt, werden die Amerikaner sagen: „Okay, Junge, so ein Ausrutscher kann jedem mal passieren."

Als Tiger Woods dann im Frühjahr 2019 die Augusta Masters gewann, war es eines der größten Comebacks der Sportgeschichte. Die normalen Golfspieler, all die weißen Handelsvertreter, Hotelmanager, IT-Ingenieure und Bankprokuristen, saßen vor dem Bildschirm, und tranken vor Begeisterung noch mehr Budweiser und Coors als sonst.

„Tiger hat zwar eine etwas seltsame Hautfarbe", sagten sie, „aber er ist einer von uns."

064 Welches ist das schwierigste Loch der Welt?

Am intensivsten mit der Frage des Lochs hat sich Kurt Tucholsky auseinandergesetzt. In seinem Aufsatz unter dem ironischen Titel „Zur soziologischen Psychologie der Löcher" hat er die bis heute gültige Definition des Lochs abgeliefert:

„Ein Loch ist da, wo etwas nicht ist."

Tucholsky präzisiert dann, dass Löcher nur entstehen können, wenn es um sie herum Nicht-Löcher gibt: „Wäre überall etwas, dann gäbe es kein Loch."

In der Sprache von uns Golfern heißt das: „Ein Loch ist dort, wo auf dem Green kein Green ist."

Damit wäre der philosophische Teil geklärt und wir kommen zur Praxis. Golfer unterhalten sich gern über die Frage, welches das schwierigste Loch sei, das sie jemals bewältigt haben.

Das schwierigste Loch, wissen wir alle, ist allerdings ein fließender Begriff. Auf Ihrem Heimkurs ist vielleicht die lange und schmale Nummer fünf das schwierigste Loch, mit dem bedrohlichen Schilfgürtel rechts und dem noch bedrohlicheren Tannenwald links. Aber wenn Sie den Schilfgürtel und den Tannenwald mit dem ersten Schlag locker überwinden, dann wird aus dem schwierigsten Loch schon fast ein Kinderspiel. Das ist die subjektive Perspektive.

Aber es gibt auch die objektive Perspektive. Es sind die Löcher, wo sich auch die Besten von uns die Zähne ausbeißen.

Lange galt das 17. Loch im TPC-Club in Sawgrass in Florida als das schwierigste Loch. Es ist nur 125 Meter lang, aber ein kleines Inselgrün. Bei den Players Championship von 2007 landeten hier beispielsweise 93 Bälle im Wasser, ein Rekord auf der Profi-Tour. Auch Altmeister Jack Nicklaus versenkte hier Ball um Ball.

Nicklaus wurde dann vom Spieler zum Golfarchitekten und beschloss, ein noch schwierigeres Loch zu bauen. Er tat es auf dem Pacifico Golfplatz im Westen Mexikos. Man schlägt am Strand ab und das Green liegt, 170 Meter entfernt, auf einer kleinen, felsigen Insel im Pazifischen Ozean Falls man das Green trifft, wird man zum Putten per Boot hingebracht.

Das wiederum ließen sie in Südafrika nicht auf sich sitzen. Im Legend Golf & Safari Resort bauten sie ein Par 3, bei dem der Abschlag 400 Meter über dem Loch und 400 Meter hinter dem Loch liegt. Zum Abschlag kommt man nur per Helikopter.

Der Ball braucht dann 20 Sekunden, bis er unten aufschlägt. Wer hier ein Hole-in-one schafft, bekommt eine Million Dollar. Dieses Risiko allerdings ist gering. Der beste Schlag bisher stammt von Padraig Harrington. Er war der erste, der hier ein Par spielte.

Ich weiß nicht so recht. Will ich wirklich geschlagene 20 Sekunden zuschauen, bis mein Ball im Wald verschwindet?

065 Wie schnell fliegt ein Golfball?

Es ist zwar schon eine Weile her seit unserem Einser-Abitur in Physik. Aber das Ding mit der kinetischen Energie bekommen wir auch heute noch halbwegs hin. Die Formel sagt uns, wie hoch die Geschwindigkeit eines Golfballs kurz nach dem Abschlag ist. Sie lautet:

$$vB = \frac{2 \times mS \times vK}{(mB + mS)}$$

Die Geschwindigkeit des Golfballs (vB) wird durch die Masse des Schlägers (mS), die Schlägerkopf-Geschwindigkeit (vK) und durch die Masse des Balls (mB) bestimmt. Der Faktor mB ist am wenigstens relevant. Die meisten Golfbälle sind die maximal erlaubten 45,93 Gramm schwer.

Entscheidend ist vielmehr die Schlägerkopf-Geschwindigkeit. Ein absoluter Spitzenspieler kommt bei der Beschleunigung auf etwa 200 Stundenkilometer. In diesem Fall erreicht seine Geschosskugel in der allerersten Phase ein Tempo von rund 300 Stundenkilometern. Ganz exakt kann man es nicht berechnen, weil sich der Ball beim Abschlag verformt und sich dieser Effekt nicht immer präzise voraussagen lässt. Auch der Aufprallwinkel des Drivers variiert die Geschwindigkeit wie dann auch die Länge des Balls.

Den Weltrekord bei der Ballgeschwindigkeit hält der wenig bekannte Kalifornier Cameron Champ. Er qualifizierte sich 2017 als 23-jähriger Amateur für die US Open und wechselte ein Jahr später zu den Profis. Bei seinem schnellsten Drive erreichte der Ball eine Geschwindigkeit von 320 Stundenkilometern. Erfolgreiche Golfer wie Dustin Johnson, Rory McIlroy, Bubba Watson und Tiger Woods schaffen das nicht, sie kommen auf knapp 290 Stundenkilometer an Ballspeed.

Gegen 300 km/h ist schon gewaltig schnell. Es ist etwa ein Drittel der Mündungsgeschwindigkeit einer herkömmlichen Kanonenkugel.

Der durchschnittliche Amateur – also mit Handicap zwischen 15 und 25 – feuert im Vergleich schon deutlich langsamer aus der Hüfte. Seine Mündungsgeschwindigkeit des Balls beträgt in der Regel etwa 180 Stundenkilometer. Das ist immer noch hübsch schnell, aber nicht mehr im erhöhten Gefahrenbereich. Es ist auch bei einer Frontalkollision auszuhalten, zumal der Ball in der Luft rasch langsamer und ungefährlicher wird.

Es gibt darum praktisch keine Todesfälle durch herumfliegende Golfbälle. Es sind weltweit vielleicht ein halbes Dutzend pro Jahrzehnt, also nicht der Rede wert. Sie entstehen durch den extremen Zufall, dass jemand aus kurzer Distanz am Kopf, speziell an der Schläfe, getroffen wird.

Nein, wenn wir Golfer auf dem Golfplatz unser Leben aushauchen, dann tun wir das aus ganz anderen Gründen – aber darauf kommen wir in diesem Buch später noch.

066 Was tun Sie, wenn Bomben auf den Platz fallen?

Der Richmond Golf Club, gebaut 1891, liegt keine zwanzig Kilometer außerhalb der City von London. Im Herbst 1940 fielen während der Luftschlacht um England Bomben der deutschen Luftwaffe auf den Platz. Die Wäscherei des Klubs wurde zerstört.

Der Richmond Golf Club führte darauf einige lokale Platzregeln ein.

„Bei Gewehrfeuer oder wenn Bomben fallen, dürfen Spieler ohne Strafschlag ein Turnier unterbrechen."

„Ein Ball, der durch eine feindliche Aktion zerstört wurde, darf ersetzt werden und ohne Strafschlag nicht näher zur Fahne gedroppt werden."

„Die Spieler sind angehalten, Bomben- und Schrapnell-Splitter einzusammeln, weil sie die Mähmaschinen beschädigen."

„Fliegerbomben mit Zeitzündern werden mit roten Flaggen markiert, die in einer vernünftigen, aber nicht garantiert sicheren Distanz angebracht werden."

„Wenn ein Spieler beim Schlag durch die simultane Explosion einer Bombe gestört wurde, darf er den Schlag mit einem Strafschlag wiederholen."

Mir gefällt vor allem die letzte Regel. Wer sich von einer explodierenden Bombe beim Golfen stören lässt, ist selber schuld und kassiert einen Strafschlag. Richtig so.

Die Golfregeln von Richmond machten weltweite Schlagzeilen. Viele Klubs im Süden Englands formulierten ähnliche Regeln.

Der deutsche Propagandaminister Joseph Goebbels hingegen regte sich gewaltig auf: „Mit lächerlichen Regeln versuchen die englischen Snobs die Leute zu beeindrucken."

Nun, in einem Punkt kann man Goebbels für einmal rechtgeben. Manche Golfregeln sind tatsächlich etwas skurril.

Was zum Beispiel ist korrektes Verhalten, wenn der Ball im Klubhaus landet. Die Regelwächter in St. Andrews sagen es klar: „Wenn der Ball im Klubhaus landet und das Klubhaus nicht Out of Bounds ist, kann ein Fenster geöffnet und der Ball ohne Strafschlag weitergespielt werden."

Interessant ist auch der Fall, wenn der Ball in einer Orange steckenbleibt. Hier sagen die verbindlichen Regeln: „Wenn der Ball in einer Orange steckt, bekommt man Erleichterung nur mit einem Strafschlag."

Oder was ist die Regel, wenn sich mitten im Schwung der Schlägerkopf löst, Sie nur noch den Schlägerschaft in Händen halten und darum einen Luftschlag ausführen? Es gibt keinen Strafschlag, weil St. Andrews den Schlag als „Vorwärtsbewegung des Golfschlägers zum Ball" definiert. Ein Schaft ist kein Golfschläger.

Und zum Schluss die Ausnahme von der Regel, wann ein Ball auch in Bewegung geschlagen werden darf, was sonst ja strengstens verboten ist. Ein Ball, der von einem Bach vorwärts bewegt wird, darf ohne Strafschlag geschlagen werden. Wenn der Spieler allerdings so lange zuwartet, bis der Bach den Ball in eine bessere Position befördert, dann setzt es einen Strafschlag ab.

Die Regeln des Richmond Golfklubs während des zweiten Weltkriegs waren vorübergehende Regeln. 1945 wurden sie wieder aufgehoben.

Daran müssen Sie denken, falls sie einmal in Richmond spielen. Wenn nun plötzlich ein Bombenlärm ertönt, dürfen Sie den Schlag nicht straffrei, sondern nur mit einem Strafschlag wiederholen. Regeln sind Regeln.

067 Weshalb kommentieren Golfer nur missglückte Schläge?

Ein gutes Anschauungsbeispiel ist immer wieder mein alter Kumpel Fred. Wir spielen oft Golf zusammen und wir spielen auch gemeinsam Fußball in einer Seniorenmannschaft.

Wenn Fred im Fußball einen Fehlpass spielt, dann sagt er kein Wort. Wenn Fred beim Golfen einen Fehlschlag spielt, dann schreit er „Mist!"

So wie Fred agiert die große Mehrheit der Golfgemeinde. Golfer kommentieren ununterbrochen die eigenen Schwächen und ihre missglückten Schläge. Wenn der Ball zu kurz ist, rufen sie: „Mist! Zu kurz!". Wenn der Ball im Wasser landet, rufen Sie: „Shit! Im Wasser!". Und wenn sie in den Boden hauen, dann rufen Sie: „Verdammt! In den Boden!".

Amüsanterweise sind sie beim Gegenteil stumm wie ein Fisch. Wenn der Ball genau das tut, wie ihm geheißen, dann kehrt die große Stille ein. Kein Golfer ruft dann: „Hurra! Gute Länge!" Kein Golfer ruft dann: „Prima! Schön übers Wasser!" Keiner ruft: „Bravo! Sauber getroffen!"

Der schlechte Schlag ist jedes Mal einen Kommentar in eigener Sache wert, der gute Schlag nie. Warum ist das so?

Es hat damit zu tun, dass viele Golfer viel zu hohe Erwartungen haben. Sie kommen auf den Platz und erwarten, dass sie wie die Profis spielen. Sie erwarten es, obschon sie fast nie üben.

Profis üben acht Stunden am Tag. Und selbst bei ihnen gehen viele Schläge schief.

Normale Golfer üben selten. Dennoch erwarten sie, dass ihnen jeder Schlag gelingt. Natürlich glauben sie nicht daran, dass sie nun auf einmal 300 Meter weit driven können oder aus 200 Metern mit dem Eisen an die Fahne spielen. Aber sie erwarten, dass jeder Drive so gut wird wie der beste Drive ihres Lebens, und jeder Eisenschlag der beste Eisenschlag in ihrem bestehenden Repertoire.

Ich habe kürzlich mit einem Mitglied meines Klubs gespielt. Er spielt viel. Er erzählte mir dann, er habe einmal ausgerechnet, was sein bestmögliches Resultat sein könnte. Von allen 18 Löchern unseres Platzes habe er über die Jahre alle schon mal in Paar gespielt. Und fast auf der Hälfte davon sei ihm auch schon ein Birdie gelungen.

„An einem idealen Tag könnte ich also eine 64 spielen", sagte er mir. „Träum weiter", dachte ich.

Wer viel zu hohe Erwartungen hat, wird naturgemäß enorm schnell enttäuscht. Dann ist jeder schlechte Schlag „Mist" und „Shit" und was sonst noch. Die viel zu hohen Erwartungen führen dazu, dass Frust und Ärger aufkommen und der Spaß, den wir ja haben wollen, erodiert. Ich glaube, einer der ärgsten Feinde des Golfers sind seine Erwartungen, die unrealistisch hoch sind.

Das Rezept ist darum so logisch wie naheliegend. Wer mit hohen Erwartungen auf den Platz geht, wird einen hohen Score spielen. Wer mit tiefen Erwartungen auf den Platz geht, wird einen tiefen Score spielen.

068 Wieso unterschätzen so viele Golfer sich?

Wenn ich nach der Runde ins Klubhaus zurückkehre, sitzen dort schon die Freundinnen und Freunde aus den früheren Flights, und ich stelle dann auf der Terrasse die übliche Frage: „Und, wie hast Du gespielt?" „Heute lief es nicht so gut", lautet die häufigste Antwort. „Und woher weißt Du das?" frage ich dann.

Golfer neigen dazu, die eigene Leistung mit einem zu anspruchsvollen Maßstab zu bewerten. Meistens nehmen sie dazu das eigene Handicap. Wenn sie das Handicap spielen oder nur knapp verpassen, sind sie mit ihrem Golf zufrieden. Sonst reden sie von einer Nullrunde.

Das ist Blödsinn.

Schauen wir einmal, wie häufig Golfspieler ihr Handicap spielen. Wir wählen aus der statistischen Menge vier Kategorien: sehr gute

Spieler, gute Spieler, mittelmäßige Spieler und schwächere Spieler. In Prozent steht, wie häufig eine Spielerkategorie ihr Handicap spielt.

Spieler mit Handicap 0–5	20%
Spieler mit Handicap 11–15	15%
Spieler mit Handicap 20–25	13%
Spieler mit Handicap 30–35	11%
Durchschnitt aller Spieler	13%

Im Schnitt spielen wir Golfer in 13 Prozent der Fälle unser Handicap. Das ist jede siebte Runde. Die sehr guten Spieler sind konstanter. Sie spielen ihr Handicap in 20 Prozent der Fälle, also auf jeder fünften Runde. Das bedeutet, dass wir Allzweckgolfer immer noch ganz gut unterwegs sind, auch wenn wir das subjektive Gefühl haben, in den letzten Wochen eine Golfkrise durchlebt zu haben.

Noch interessanter wird es, wenn wir in die Statistik der einzelnen Schläge gehen: Der amerikanische Golfautor Jon Sherman hat dazu viel Material zusammengetragen. Er wertete aus, wie häufig unterschiedliche Spieler den Fairway und das Green in Regulation treffen.

Erste Frage: Wie häufig treffen wir mit dem Abschlag den Fairway?

Profis auf der PGA-Tour	61%
Golfer mit Handicap 0	53%
Golfer mit Handicap 12–18	43%
Golfer mit Handicap 22–28	38%

Wir sehen, dass auch die Besten der Welt und die besten Amateurspieler schon froh sind, wenn sie bei jedem zweiten Abschlag auf dem Fairway landen. Warum soll dann ein Schlag, der den Fairway verfehlt, automatisch ein schlechter Schlag sein? Unsinn, es ist ein normaler Schlag.

Zweite Frage: Wie häufig treffen wir aus 130 Metern das Green?

Profis auf der PGA-Tour	67%
Golfer mit Handicap 0	67%
Golfer mit Handicap 12–18	28%
Golfer mit Handicap 22–28	17%

Hier sehen wir den entscheidenden Unterschied zwischen hervorragenden und mäßigen Spielern. Mäßige Spieler können den zweiten Schlag nicht. Es gibt also keinen Grund, sich zu ärgern, wenn wir ein Grün nicht in Regulation erreichen. Es ist immer noch gutes Golf.

Dritte Frage: Wie häufig versenken wir einen Putt aus zweieinhalb Metern?

Profis auf der PGA-Tour	50%
Golfer mit Handicap 0	41%
Golfer mit Handicap 12–18	27%
Golfer mit Handicap 22–28	16%

Auch hier ist die Differenz enorm. Während aus 2,50 Metern bei den Spitzenspielern fast jeder zweite Putt fällt, ist der Abschluss beim Alltagsspieler nicht mal halb so gut. Der Normalgolfer versenkt nur jeden sechsten machbaren Putt. Natürlich verwerfen wir trotzdem jedes Mal die Hände über unser Schicksal. Etwas Show gehört dazu.

Fassen wir zusammen: Wir gehen auf eine Golfrunde. Wir treffen vom Abschlag nur etwa 40 Prozent der Fairways. Nur jeder vierte Annäherungsschlag von uns landet auf dem Grün. Und wir lochen nur jeden sechsten, mittellangen Putt ein.

Wir kehren dann ins Klubhaus zurück und sagen: „Heute lief es nicht so gut."

Falsch. Sehr falsch sogar. Es war eine ganz ordentliche Runde. Wir waren voll im Durchschnitt, voll im Trend und voll im Programm, das von uns und von uns selbst erwartet werden kann.

Wir sollten nach der Runde nicht klagen. Wir sollten eine Runde Sekt bestellen.

069 Spielen wir heute sympathisch oder parasympathisch?

Ich habe mal reichlich erfolglos ein paar Semester Biologie studiert und seitdem spiele ich mich im Freundeskreis gern als Experten für Anatomie und Neurologie auf. Aber Erfolg bei den Zuhörern habe ich immer nur dann, wenn ich über Golf doziere.

Welches ist der vermutlich wichtigste Faktor in unserem Golfspiel, der über Erfolg und Misserfolg entscheidet? Es ist unser vegetatives Nervensystem.

Am besten spielen wir, das ist klar, wenn wir entspannt, locker und unbeschwert sind. Dann spielen wir einen fließenden Drive und einen harmonischen Putt.

Am schlechtesten spielen wir, wenn wir gestresst, nervös und unsicher sind. Es ist unmöglich, gut zu driven und zu putten, wenn die Hände zittern und das Herz im Halse klopft.

Damit sind wir beim vegetativen Nervensystem. Wir haben zwei wesentliche Nervensysteme, das sympathische Nervensystem und das parasympathische Nervensystem. Mit dem Wort „Sympathie" im Sinne von Zuneigung hat das nichts zu tun.

Das sympathische Nervensystem macht uns kampfbereit und fluchtbereit, je nachdem. Wenn ein Rottweiler uns angreift oder der Chef uns anbrüllt, dann aktiviert sich das sympathische System. Es reagiert bei Gefahr. Dann schüttet es Stresshormone wie Adrenalin und Cortisol aus, die Herzfrequenz erhöht sich, das Blut fließt aus dem Körperinneren in die Muskeln, damit sie mehr Kohlenhydrate zur Verbrennung bekommen.

Auf dem Golfplatz haben viele Spieler vergleichbare Symptome, gerade auch in Turnieren. Sie fürchten sich vor Gefahren, sie schütten Stresshormone aus, der Herzschlag beschleunigt sich. Wenn der Sympathikus aktiviert ist, kann man nicht Golf spielen.

Das parasympathische Nervensystem ist das Gegenteil davon. Es sorgt für Entspannung, Angstfreiheit und Gelassenheit. Sogenannte Neurotransmitter wie Acetylcholin sorgen dafür, dass der Herzschlag sich verlangsamt und der Atem langsamer wird. Das Blut fließt von den Muskeln in die Verdauungsorgane und beruhigt damit das Gemüt.

Man fühlt sich wohlig wie nach einem guten Essen. Wenn der Parasympathikus aktiviert ist, kann man wunderbar Golf spielen.

Wir müssen also Parasympathiker werden.

Am besten wird das parasympathische Nervensystem durch die Atmung stimuliert. Atmung ist das Entscheidende. Langsames Einatmen durch die Nasen und Ausatmen durch den Mund signalisiert dem Körper, dass er den Herzrhythmus und die Muskelspannung herunterfahren soll. Das geht dann ziemlich schnell. Gut ist auch – kein Witz – beim Ausatmen zu summen, weil Kehlkopfvibrationen den Beruhigungseffekt verstärken. Hilfreich ist auch, immer mal die Augen für zwanzig Sekunden zu schließen. Essen hilft ebenso, allerdings besser auf der sauren als auf der süßen Seite. Aber die Atmung ist das wichtigste. Sie werden sehen, es hilft.

Zum Schluss gebe ich Ihnen noch einen ergänzenden Tipp, wie sie ein lockerer, erfolgreicher, parasympathischer Golfer werden. Spielen Sie auf den ersten sechs Löchern einfach vier Pars und zwei Birdies. Sie werden sehen, wie entspannt sie nachher sind.

070 Bleibt beim Putten die Fahne besser drin?

Mit dem Jahr 2019 schufen die Golfregeln für uns Golfer ein neues Problem – als ob wir nicht schon genug Probleme hätten.

Ab dem Jahr 2019 konnten wir nun entscheiden, ob wir beim Putten die Fahne aus dem Loch entfernen oder ob wir die Fahne im Loch stecken lassen.

Natürlich entbrannte darüber sofort ein Richtungsstreit, wie bei uns Golfern immer sofort ein Richtungsstreit entbrennt. Fahne raus beim Putten oder Fahne drin beim Putten?

Bevor wir uns dem ernsten Thema zuwenden, eine kurze Auflockerung mit einem Fahnen-Witz.

Die Trauergemeinde steht am Grab ihres Golffreundes. Der Captain tritt an das geöffnete Grab und wirft eine Fahne hinein. „Was machst Du da?", wird er gefragt. Er sagt: „Sein größtes Ziel war schon immer, tot an der Fahne zu liegen."

Nachdem die Flaggen-Regel geändert war, begannen sofort die Tests. Die Tests mussten mit Putting-Maschinen durchgeführt werden, um die menschliche Subjektivität auszuschalten. Getestet wurden Putts aus verschiedenen Distanzen und mit verschiedenen Geschwindigkeiten, Putts, die in die Mitte des Lochs rollten und Putts, die auf den Rand des Lochs zielten.

Die Resultate waren nicht eindeutig. Ein erster Test des Magazins „Golfspy" zeigte einen deutlichen Vorteil, wenn die Fahne beim Putten im Loch steckt. Vor allem Putts aus mittleren Distanzen fielen mit der Fahne im Loch häufiger, weil sie nicht über das Loch sprangen, wenn sie zu schnell waren. Putts, die das Loch links oder rechts der Mitte trafen, fielen ebenfalls häufiger, weil die Stange sie bremste.

Das Magazin „Golf Digest" testete mit demselben Gerät und kam zum gegenteiligen Schluss. Hier fielen die Putts häufiger, wenn die Fahne draußen war. Das galt indessen nur für den ersten, aber nicht für den zweiten Putt. Der zweite Putt war jeweils deutlich kürzer, wenn der erste Versuch nicht fiel, sondern die Stange am Rand streifte. Ein knapp verpasster Versuch lippte ohne Stock deutlich weiter aus.

Technisch scheint es klar: Lass die Fahne bei mittleren und längeren Putts lieber drin.

Dann aber gibt es auch die psychologische Seite. Sie sagt: Spiel so, wie Du es magst.

Viele Spieler mögen die Fahne im Loch, weil sie ihnen eine andere Optik vermittelt. Statt eines winzigen Lochs, das fünf Meter entfernt ist, steckt fünf Meter entfernt ein zwei Meter hoher Leuchtturm. Der Stock gibt das Gefühl von mehr Orientierung im Gelände. Er ist so etwas wie eine Zielscheibe.

Ich gehöre zur Gegenseite. Ich kann nicht putten mit der Flagge vor der Nase. Ich kann die Greens nicht mehr richtig lesen, weil mir dieses dünne Ding den Blick irgendwie verstellt.

Und vor allen fehlt mir das sinnliche Erlebnis beim Putten. Mit Fahne tönt ein erfolgreicher Putt wie ein Pistolenschuss, wenn der Ball gegen die Stange prallt und dann kleben bleibt. Ohne Fahne erklingt dieses sanfte plopp-plopp-plopp, wenn der Ball über die Kante fällt.

Golf soll auch ein akustisches Erlebnis sein. Ich sage mir deshalb: Raus mit der Fahne. Das kostet mich womöglich pro Runde einen Schlag oder zwei. Dafür höre ich achtzehnmal dieses wunderbar gedämpfte Getrommel des plopp-plopp-plopp.

071 Welches ist das schönste Gefühl beim Golfen?

Mein Golfkollege Lubo, ein guter Spieler aus Tschechien, wird auf dem Platz immer vergnügter, je näher das Klubhaus rückt. Das Schönste an Golf, sagt er jeweils, sei das Duschen nach dem Golf.

Das tut er dann so ausgiebig, dass wir manchmal glauben, er wolle den Weltrekord im Dauerduschen für das Guinness Book of Records brechen.

Lubomir weiß, was das schönste Gefühl beim Golfen ist. Aber er dürfte eine ziemliche Ausnahme sein.

Für uns Normalverbraucher gibt es vier Möglichkeiten, a) ein perfekt getroffener Drive, b) ein wunderbarer Approach an die Fahne, c) ein Hole-in-one, d) ein langer Putt, der fällt.

a) Der Drive: Wir hören es jeweils, bevor wir es sehen. Es ist dieser knusprige Knall, der entsteht, wenn wir den Ball mit dem Driver perfekt getroffen haben. Dann schauen wir dem Ball etwa sechs Sekunden nach, wie er durch die Lüfte segelt – ein großartiges Gefühl. Das Problem beim Drive ist bloß, dass er nur eine Vorstufe ist. Wenn auf ihn ein schlechter zweiter Schlag folgt, ist der Drive wieder entzaubert. Der perfekt gelungene Drive ist zwar wunderbar, aber er ist so etwas wie die Unvollendete Symphonie von Franz Schubert.

b) Der Approach: Wir stehen also 130 Meter vor dem Green, nehmen ein mittleres Eisen, schwingen unbeschwert durch und treffen knackig auf den Punkt. Der Ball steigt turmhoch in den blauen Himmel, steht fast still, fällt dann sanft nieder, rollt kurz aus und bleibt einen Meter links oder rechts der Fahne liegen. Das Ganze dauert wiederum etwa sechs Sekunden. Es ist ein phantastisches Gefühl, wird aber leider von einer drängenden Unsicherheit belastet. Um Himmels willen, fragen wir uns, wirst Du jetzt vielleicht den Putt zum Birdie daneben schieben?

c) Das Hole-in-one: Auch am Par 3 ist der Ball etwa sechs Sekunden unterwegs. Ich habe noch nie ein Hole-in-one gespielt. Meine wenigen Golfkumpels, die es geschafft haben, erzählen allerdings Widersprüchliches. Ein Großteil von ihnen realisierte gar nicht, dass ihnen der Schlag der Schläge gelungen war. Vielleicht war das Grün etwas erhöht, vielleicht lag es in einer Senke, jedenfalls erkannten sie erst vorne, was wirklich los war. Das Hole-in-one ist zwar ein geniales Erlebnis, nur, es ist ein verzögertes Erlebnis.

d) Der lang Putt: Wir stehen etwa 20 Meter von der Fahne entfernt, das Green ist onduliert und wir müssen darum einen ordentlichen Break einrechnen. Wir machen mit dem Putter zwei, drei Probeschübe aus der Schulter und dann bringen wir den Ball in Fahrt. Der Ball startet beschwingt und zieht in Richtung rechts vom Loch, dann wird er langsamer, dreht nach links und biegt ganz am Schluss, als er das Tempo gänzlich verliert, noch mehr ab und fällt nach sechs Sekunden mitten ins Loch.

Welches sind also die besten sechs Sekunden beim Golf. Ich plädiere für d), den langen, ideal getimten Putt. Er ist die einzige unter unseren vier Möglichkeiten, die wir vom Anfang bis zum erfolgreichen Fall ins Loch direkt und live verfolgen können und bei dem wir dann das dieses famose Plopp-Plopp-Plopp hören dürfen, wenn der Ball gefallen ist.

Wenn wir zu Franz Schubert zurückkehren, dann ist der lange, erfolgreiche Putt so etwas wie die Vollendete Symphonie.

072 Welches ist das blödeste Resultat an einem Loch?

Das müssen wir nicht lange überlegen. Der blödeste Score, den wir schreiben können, sind zwei Schläge über Par. Das dümmste Resultat ist das Double Bogey.

Bevor wir das etwas näher betrachten, müssen wir kurz definieren, was zum Beispiel auf einem Par-4-Loch ein Double Bogey ist: Ein Double Bogey sind zwei Birdies, die wir dummerweise auf dem gleichen Loch gespielt haben

Und was ist ein Double Bogey auf einem Par-5-Loch? Ein Birdie und ein Eagle, die wir dummerweise auf dem gleichen Loch gespielt haben.

Das ist die Sichtweise des positiven Denkens. In der Sichtweise des realistischen Denkens müssen wir hingegen sagen, ein Double Bogey entsteht bei uns Alltagsgolfern immer dann, wenn wir Mist gebaut haben.

Fall 1: Nach dem Abschlag verziehen wir den Zweiten etwas und landen rechts vor dem Grün im halbhoch geschnittenen Gras. Wir könnten nun einen normalen Chip aufs Grün rollen lassen und dann die Sache mit zwei Putts erledigen. Aber nein, wir wollen das Par. Wir spielen also mit dem geöffneten Wedge einen extrem hohen Pitch, wie wir es im TV gesehen haben. Natürlich hauen wir unter dem Ball durch, der hupft in die Höhe und bleibt fünfzig Zentimeter von der Stelle liegen, wo er vorher war. Nun spielen wir doch den Chip. Double Bogey.

Fall 2: Der Abschlag ist schön lang, endet aber links im Gehölz. Wir könnten den Ball nun halbhoch mit einem Siebner-Eisen auf die Spielfläche zurückschlagen und dann mit einer unkomplizierten Annäherung und zwei Putts die Sache beenden. Aber nein, wir wollen das Par. Zwischen zwei Bäumen hindurch sehen wir weiter vorn die Fahne, wir nehmen ein kleines Holz und versuchen den flachen Punch-Schlag zum Grün. Bevor wir es sehen, hören wir es. Der Ball trifft den Baum und rollt vor unsere Füße zurück. Nun nehmen wir doch das Siebner-Eisen. Double Bogey.

Der engste Verwandte des Pars ist das Double Bogey.

Der engste Verwandte des Pars ist nicht das Bogey, mit dem wir die Vorgabe um einen Schlag verfehlen. Bei einem Bogey machen wir Durchschnittsspieler in der Regel nichts falsch. Vielleicht haben wir bei unserem zweiten Schlag nicht die nötige Länge drauf, vielleicht springt unser Approach von der Greenkante in eine Senke, vielleicht haben wir einen langen Putt und brauchen darum drei Versuche.

Kann alles passieren, wir haben es richtig gemacht, es gibt keinen Grund, an uns zu zweifeln. In vielen unserer Bogeys schlummert das Potenzial eines Pars.

Wenn wir ein Double Bogey spielen, dann gibt es in der Regel einen Grund, an uns zu zweifeln. Wir haben Mist gebaut.

Wer dieses Buch liest, hat bemerkt, dass ich die Theorie gern mit einem blöden Witz abrunde. Hier also der blödeste Witz zum blödesten Schlag, den es gibt.

Er hat in eine Baumgruppe gespielt. „Komm, spiel ihn zwischen den Bäumen durch, das schaffst Du", macht seine Frau ihm Mut. Er haut voll drauf, es kracht gewaltig, der Ball springt vom Baum zurück genau an die Schläfe seiner Frau. Sie ist sofort tot. Sieben Tage später liegt er erneut in dieser Baumgruppe. „Versuch doch, zwischen den Bäumen durchzuspielen", sagt sein Golfpartner. „Lieber nicht", sagt er, „so habe ich letzte Woche hier ein Double Bogey gespielt".

Weil wir in politisch korrekten Zeiten leben, noch eine kurze Anmerkung: Als Frau können Sie den Witz natürlich auch andersherum erzählen. Dann spielen Sie das Double Bogey.

073 Weshalb darf man nie auf die Fahne zielen?

Die Fahne ist das Ziel. 18mal auf jeder Runde weht sie rot oder weiß oder kariert im Wind. Die Fahne ist eine große Versuchung. Für uns Allzweckgolfer ist sie eine zu große Versuchung.

Sehr gute Spieler zielen nie auf die Fahne. Sie zielen auf das Grün. Sie versuchen ihren Ball dort auf das Green zu bringen, wo das Risiko am geringsten ist.

Wenn zum Beispiel die Fahne links im Grün steht, davor aber ein fetter Bunker lauert, spielen gute Spieler nach rechts. Sie wollen das Risiko nicht eingehen, dass sie, falls sie den Ball nicht sauber treffen, dann aus dem Sand spielen müssen. Oder die Fahne steckt rechts auf einer erhöhten Welle, dann werden gute Spieler ins linksseitige Drittel des Grüns zielen, weil sie nicht seitwärts wegrollen wollen.

Der ambitionierte Amateur hingegen gibt Gas und greift resolut die Fahne an. Der Faktencheck sagt zwar, dass das ein Unterfangen mit einer sehr geringen Chance ist, aber der Ehrgeiz ist stärker als jeder Faktencheck. Es ist der Ehrgeiz, aus 130 oder 140 Metern den Ball zum Birdie an die Fahne zu pflanzen. Es gibt kaum ein besseres Gefühl auf dem Platz, als wenn dies gelingt, das stimmt schon, nur, wann gelingt es schon?

Die Fahne ist eine große Versuchung. Aber wir Normalspieler sind nicht fahnentauglich. Wir sind es nicht, weil uns eine Eigenschaft für das aggressive Spiel auf die Fahne fehlt. Wir können aus mittlerer Distanz keine Schläge mit Rückwärtsdrall.

Der Rückwärtsdrall, der Backspin, entsteht durch einen steilen Eintreffwinkel mit einem kleinen Eisen, einem Pitching Wedge beispielsweis, einer Neun oder einer Acht. Der Ball rollt dadurch nach dem Aufprall auf dem Grün nicht mehr weiter. So greift man die Fahne an, wie wir jederzeit am TV bei den Profis überprüfen können.

Gute Golfer können den Rückwärtsspin, wir können es in der Regel nicht. Wir können es nicht, weil wir aus 130 oder 140 Metern nicht ein kleines Eisen, sondern ein mittleres Eisen oder sogar ein Hölzchen benötigen. Unsere Bälle sitzen deswegen nicht auf dem Green, sondern sie rollen. Doch Rollen ist höchst gefährlich, weil es unkontrollierbar ist. Die meisten unserer Bälle, die an der falschen Stelle enden, fliegen nicht dahin, sie rollen dahin.

Es gibt eine schon etwas ältere Vergleichsstudie, die aber bis heute gültig ist. Golfer spielten den Platz mit der Fahne auf dem Grün, dann spielten sie den Platz ohne Fahne auf dem Green. Sie wussten im zweiten Fall also nicht, wo das Loch war.

Ohne Fahne spielten sie die besseren Resultate als mit Fahne. Denn sie zielten nicht auf die Fahre, sie zielten aufs Green. Die Versuchung war weg.

074 Soll ich meine Golfpartner duzen?

Es war in der Nähe von Stuttgart. Ich spielte eine Runde mit einem Geschäftsfreund. Weil viel Betrieb war, wurde uns ein dritter Spieler zugeteilt.

Es war das erste Mal, dass ich diese skurrile, deutsche Spezialität live erlebte, von der ich schon gehört hatte. Ich erlebte erstmals das „Tages-Du".

„Gestatten, Dr. Müller", sagte der dritte Mann, „aber für die nächsten paar Stunden bin ich der Dieter." Dr. Müller schlug also vor, sich in der Natur und im Klubhaus zu duzen und dann ab der Wegfahrt zum Sie zurückzukehren. Ein Tages-Du.

„Dr. Krämer – Vorname Dirk", sagte mein Geschäftsfreund. „Ich bin der Kurt", sagte ich.

Ich bin Schweizer. Wir sind ein Bergbauernvolk, das sich, um besser zu überleben, irgendwann auf Banken-, Pharma- und Uhrenindustrie verlegte. Aber die Du-Kultur der Bergbauern haben wir uns erhalten. Auf dem Berg ist keine Zeit für Finessen. Das Du auf dem Golfplatz ist bei uns selbstverständlich, auch wenn wir zufällig mit dem Präsidenten einer Großbank oder dem CEO eines Pharmakonzerns spielen.

Und ein Du ist ein Du für immer. Wenn wir den Präsidenten der Großbank oder den CEO des Pharmakonzerns Monate später irgendwo treffen, dann sagen wir: „Lange nicht gesehen. Wie läuft's bei Dir?" Er sagt: „Du, es könnte schlimmer sein."

In Österreich ist es vergleichbar. Das Land hat zwar eine aristokratische Tradition, hat aber ebenfalls keine Standesdünkel. Auf einem österreichischen Golfplatz sagen sie ohne Umschweife „Griaß di" an Loch 1 und „Pfiat di" nach Loch 19.

Nur die Deutschen machen dieses hierarchisierte Tamtam, das bis zur Absurdität des „Tages-Du" reicht. Dr. Müller oder was?

Ich glaube, ich weiß, warum. Ich war mal Vorstandsmitglied eines deutschen Konzerns. Hierarchische Symbole waren enorm wichtig, zum Beispiel bei der Wahl der Firmenwagen. S-Klasse oder 7er-Reihe? Es ging nicht um Leistung, sondern um Prestige. Wir haben uns im Vorstand auch alle gesiezt. Das war sehr deutsch, solch blasierte Distanz gibt es anderswo nirgends.

Golf hingegen ist ein sehr demokratischer Sport. Golf macht uns alle gleich. Wir stehen alle mit unseren paar Bällen und Schlägern auf dem Abschlag und wir sehen der nahenden Gefahr standhaft ins Auge. Slice ist Slice, und Out ist Out, egal ob mit oder ohne Doktortitel.

Und weil wir auf dem Rasen alle gleich sind, gibt es unter uns Golfern keine Rangunterschiede. Darum duzen wir uns. Es ist Ausdruck unserer Solidarität, die Solidarität einer verschworenen Truppe, die ständig gegen übermächtige Gegner wie Wasserhindernisse, Bäume, Roughs und Sandbunker kämpft.

Ich duze auf dem Platz alle, auf der Runde und dann für immer nach der Runde. Ich bin da konsequent und kann nur raten, es mir gleichzutun. So ist Golf. Wir gehören zusammen. Wir sind das Volk. Das Golfervolk. Ich würde auch den Papst auf dem Platz duzen, aber der spielt leider nicht, sondern sammelt Briefmarken.

Ich duze alle. Nur manchmal mache ich eine kleine Variation. Ich sage dann: „Du, Dr. Müller, ich glaube, Du bist im Wasser."

075 Wieviel Risiko nehmen wir beim Schlag?

Pierre Corneille war einer der drei großen französischen Dichter des 17. Jahrhunderts. Er spielte kein Golf. Golf kam erst um 1815 nach Frankreich, als die Engländer unter Wellington sich die Franzosen unter Napoleon vorknöpften und sich dazwischen eine Freizeitaktivität gönnten.

Dennoch sagte Corneille einen Satz, dem jeder Golfer zustimmen kann. Er sagte: „Risikolos gewinnen heißt ruhmlos siegen."

Kein Ruhm ohne Risiko. So ist es. Der Satz erklärt sowohl die ruhmreichsten Treffer in unserer Karriere wie auch die unrühmlichsten Schläge, bei denen wir ein viel zu hohes Risiko eingegangen sind.

Tendenziell sind wir Golfer, zumindest die männliche Subgruppe, eher auf Ruhm und Risiko programmiert. Deutlich sichtbar, respektive hörbar, wird das dann an den Ruhmesgeschichten, die wir im Klubhaus von uns geben.

Da erzählt Max die Geschichte, wie er einmal in Österreich mit beiden Füßen im Wildbach stand und den Ball mit einem kurzen Eisen tot an die Fahne schlug. Da erzählt Andrea, wie sie einmal in Holland den Ball aus einem Tulpenbeet aufs Grün zauberte. Und Fred erzählt, wie er einmal in Spanien aus dem Bunker 150 Meter übers Wasser schlug. Die Geschichte von Fred hab' ich allerdings schon dreimal gehört.

Golf besteht bekanntlich aus Gegensatzpaaren. Angriff und Verteidigung. Mut und Feigheit. Kühnheit und Disziplin. Risiko und Vorsicht.

Die Mischung macht den erfolgreichen Golfspieler. Das Dumme daran ist nur, dass wir die Mischung permanent neu erfinden müssen. Wenn wir immer nur auf Angriff, Mut, Kühnheit und Risiko setzen, werden wir keine gute Runde spielen. Wenn wir immer nur auf Verteidigung, Feigheit, Disziplin und Vorsicht setzen, werden wir ebenfalls keine gute Runde spielen.

Meist ist schon viel gewonnen, wenn wir die Extreme isolieren. Risiko macht dort keinen Sinn, wo es mit hoher Wahrscheinlichkeit zum Himmelfahrtskommando wird. Vorsicht macht dort keinen Sinn, wo sie mit hoher Wahrscheinlichkeit zu langweiliger Biederkeit wird.

Ich schätze mal, in zwanzig Prozent der Fälle ist zu viel Risiko nicht zu empfehlen, in zwanzig Prozent der Fälle ist zu viel Sicherheit nicht zu empfehlen. Dazwischen ist es eine Charakterfrage, welche der beiden Optionen wir wählen, die kühne Option oder die disziplinierte Option.

Ich halte es jeweils mit Reinhold Messner, dem Extrembergsteiger, der als Erster vom Gipfel aller 14 Achttausender lebend zurückkehrte.

Messner sagt: „Wer nichts riskiert, kann nicht einmal scheitern."

Im Vergleich mit Messners riskanter Welt ist unsere Welt ein Kinderspielplatz. Wir können seine Aussage also auch umdrehen.

Auf dem Golfplatz zu scheitern, ist kein Risiko.

076 Was liegt wohl hinter dem Loch?

Die 16 auf einem meiner Stammplätze ist ein Par-3-Loch. Aber es ist enorm lang, an die 240 Meter. Viele Spieler nehmen hier den Driver. Und selbst dann ist es für die meisten Normalos noch lang.

Hinter dem entfernten Grün kommt eine Auslauffläche, die von einem kleinen Blumenfeld abgeschlossen wird. Es sind Wildblumen, gelb, und weiß und violett.

Ich spielte ein Matchplay gegen Toni. Mit dem ersten Schlag war ich zu kurz, mit dem zweiten viel zu lang und so lag ich hinten nahe beim Blumenfeld. Toni kam mit, um zu kontrollieren, ob der Ball noch da war. Er schaute überrascht auf die Blumen und sagte: „Hier war ich noch nie."

So geht es vielen von uns. Zwischen dem Abschlag und der Fahne kennen wir den Platz fast wie unsere Hosentasche. Wir sind mit all den Teichen persönlich bekannt, mit all den Bunkern gut befreundet und auch all die Büsche links und rechts gehören zum engsten Bekanntenkreis.

Und was ist hinter dem Green? Keine Ahnung. Denn dort sind wir nie.

Ich verrate Ihnen deshalb, was hinter dem Green ist. Hinter dem Green ist nichts.

Vor der Fahne lassen sich Golfplätze und Golfarchitekten alles Mögliche einfallen. Sie drangsalieren uns mit Flora-, Sand-, Wasserhindernissen. Dann verlieren sie plötzlich jedes Interesse. Hinter der Fahne gibt es keine Hindernisse mehr, und wenn es mal eines gibt, gehört es zur mildtätigen Sorte, beispielsweise ein Semi-Rough, das verhindert, dass der Ball ins Out rollen kann.

Der Grund ist klar. Wir üblichen Hacker sind fast nie zu lang. Wir sind fast immer zu kurz. Oder wie es der ehemalige Weltklassespieler Greg Norman einmal sagte: „Wenn es einen Unterschied zwischen sehr guten und mittelmäßigen Spielern gibt, dann ist es die Fähigkeit, lange Eisen zu spielen."

Wir sind fast immer zu kurz. Wir zielen auf die Fahne, bleiben zu kurz und landen prompt im Hindernis.

Einfache Lösung. Wir müssten versuchen, nicht an die Fahne sondern zwanzig Meter hinter die Fahne zu zielen. Wenn wir gut treffen, dann sind wir halt zu lang, aber nicht in Gefahr, weil es hinter dem Green keine Gefahren mehr gibt. Wenn wir schlechter treffen, schaffen wir es trotzdem über das Hindernis.

Die Frage ist also, wie wir länger werden. Den besten Hinweis gab mir einmal ein thailändischer Profi, der früher auf der Tour spielte und den ich auf einer Runde zufällig traf. Er bemerkte, dass ich die Achter- und Neuner-Eisen sehr locker schlug, weil für mich hier nicht die Distanz, sondern nur die Richtung zählte. Die Vierer- oder Fünfer-Eisen hingegen schlug ich zu verkrampft und zu roh, weil ich unbedingt lang sein wollte.

„Nimm ein Fünfer-Eisen in die Hand", sagte er mir, „und stell Dir vor, es ist ein Neuner-Eisen. Und dann mach Deinen Schwung wie mit dem Neuner-Eisen."

Es war ein guter Tipp. Seitdem weiß ich bei ein paar Löchern bereits, wie es dort hinter der Fahne aussieht.

077 Warum sind Golfer so abergläubisch?

Wenn wir bei uns die Klubmeisterschaft spielen, hat Klaus stets diese hellblaue Mütze auf. Die Beschreibung „hellblau" ist allerdings sehr schönfärberisch gewählt. Die Mütze widerspiegelt Farbtöne, die von einem verwaschenen Weiß bis zu undefinierbaren Grautönen reichen.

Vor ungefähr zwanzig Jahren wurde Klaus mit dieser Mütze Zweiter bei unserer Klubmeisterschaft. Es war in der Netto-Kategorie. Es war der berauschendste Erfolg seiner Golfkarriere. Noch heute erzählt er davon. Seitdem setzt er die weißlich-gräuliche Kappe bei allen epochalen Turnieren auf.

Oder Lisi. Lisi kann nur mit Gelb. Der Handschuh muss gelb sein. Sonst, so weiß sie, misslingt ihr jeder Schlag. Kürzlich hatte sie bei einem Turnier ihre gelben Handschuhe zu Hause vergessen. Es folgte ein hysterisches Drama, das unser Klubhaus erschütterte. Der Captain erlaubte ihr dann, ihre Startzeit nach hinten zu verlegen. Sie fuhr also gut dreißig Minuten nach Hause, gut dreißig Minuten wieder zurück auf den Platz, und schlug ab, endlich mit Gelb.

Golfer gehören zu den abergläubischsten Lebewesen auf diesem Planeten. Manche spielen nur mit Bällen, auf denen eine „1" steht.

Andere können nur mit orangen Tees. Oder sie nehmen vor einem Wasserhindernis nur garantiert ungebrauchte Bälle, denn Bälle, die schon mal im Wasser lagen, die wollen wieder dorthin. Und vor einem langen Putt klopfen sie mit dem Knöchel auf die Innenseite des Putters.

Bei den Golfprofis ist der Aberglaube ähnlich populär. Tiger Woods konnte nur gewinnen, wenn er am vierten Turniertag ein rotes Shirt trug. Genauso hielt es Paula Craemer, bei ihr aber musste es rosarot sein. Jack Nicklaus hatte immer drei klingende Münzen in der Tasche. Ernie Els schmiss alle Bälle weg, mit denen er ein Birdie spielte, weil in jedem Ball bekanntlich nur ein einziges Birdie steckt.

Warum sind Golfer so abergläubisch? Ein kleiner Vergleich erklärt es uns. Kein Quantenphysiker glaubt, dass sein Laborexperiment eher gelingt, wenn er dazu ein rotes T-Shirt trägt. Und kein Mathematiker denkt, dass eine Formel eher stimmt, wenn er drei klingende Münzen in die Tasche steckt.

In Bereichen, in denen Rationalität und Berechenbarkeit dominieren, braucht es keinen Aberglauben. Laborexperimenten und mathematischen Formeln kann das Überirdische nichts anhaben.

Dort hingegen, wo es irrational und unberechenbar zugeht, dort haben Hexerei, Aberglauben, Maskottchen, Rituale und Geister sehr wohl ihren Platz. Und wo geht es wohl irrationaler und unberechenbarer zu als im Golf? An einem Tag gelingt alles, am anderen nichts, mal sind die langen Schläge gut, aber die kurzen nicht, mal fällt jeder Putt, mal keiner.

Und niemand weiß, warum das so ist. Es hat überirdische Ursachen.

Das einzige Gegenmittel ist folgerichtig die Beschwörung des Überirdischen durch heidnischen Aberglauben und supernaturale Kräfte.

Setzen Sie also auf Ihrer nächsten Golfrunde eine verwaschene Mütze auf, ziehen Sie gelbe Handschuhe an, dazu ein pinkes Hemd und nehmen Sie ein oranges Tee.

Und schmeißen Sie jeden Ball weg, mit dem Sie ein Birdie gespielt haben. Das ist zumindest preiswert. Denn Sie schmeißen fast keine Bälle weg.

078 Was kostet Golf wirklich pro Jahr?

Wenn ich mich totlachen will, dann lese ich in Zeitungen oder auf Golf-Portalen ein paar Artikel zum Thema: Was kostet Golf?

Ich lese dann, mit weniger als 2000 Euro im ersten Jahr sei ein Anfänger dabei: Gebrauchte Golfschläger für 300 Euro. Übungsstunden und Platzreifeprüfung für 500 Euro. Fernmitgliedschaft in einem Klub für 100 Euro. 25 Greenfees pro Jahr für 800 Euro. Reisekosten für 200 Euro. Totalkosten im ersten Jahr: 1900 Euro.

Ab dem zweiten Jahr sinken die Kosten laut diesen Kalkulationen dann rasant. Dann sind es nur noch die Fernmitgliedschaft, die Greenfees und die Reisekosten zu budgetieren. Total pro Jahr: 1100 Euros.

Ich stelle mir dann vor, was für ein armseliges Leben unser 1100-Euro-Golfer führt. Er hält eine Fernmitgliedschaft von einem Klub in den neuen Bundesländern. Er klappert alle zwei Wochen mit seinen antiquierten Brockenhaus-Schlägern die schäbigsten Klubs der Gegend ab, um beim Greenfee ein paar Cents zu sparen. Um auf den Platz zu gelangen, nimmt er den Bus und geht den Rest zu Fuß. Er isst nichts und trinkt nur aus dem Wasserhahn der Klub-Toilette.

Aber solch dümmliche Artikel über proletarische Golfer erscheinen in regelmäßiger Folge. Die dümmlichen Artikel tragen dann den Titel: „Golf ist billiger als sein Ruf." Oder: „Golf – nicht nur für Millionäre."

Dahinter steht die besessene Vorstellung, Golf zu demokratisieren. Heute muss ja alles demokratisiert sein. Demokratisch ist, was nichts kostet.

Ich glaube nicht, dass man dem Golfspiel mit dieser billigen, weil scheindemokratischen Discount-Mentalität einen Gefallen tut. Golf ist teuer, auch wenn ein paar Journalisten – in Absprache mit den Golfverbänden – lieber das Gegenteil behaupten.

Ich bin kein Snob. Aber ich sage: Wer sich den Golfsport nicht leisten kann, soll das Golfen bleiben lassen. Wer sich ein Pferd nicht leisten kann, soll das Reiten bleiben lassen. Wer sich eine Rolex nicht leisten kann, soll die Uhrzeit vom Handy ablesen. Wir kommen auch ohne Golf, Gaul und Rolex in den Himmel.

Was also kostet Golf im Jahr wirklich? Die Mitgliedschaft in einem einigermaßen präsentablen Klub – ohne Aufnahmegebühr – kostet um die 2000 Euro im Jahr. Die Greenfees für die Runden, die man zusätzlich auf anderen Plätzen spielt, kosten rund 500 Euro. Die Fahrkosten liegen auch bei etwa 500 Euro. Im Heimklub wie auswärts schlagen dann Drinks und Essen zu Buche, aber weil man auch sonst essen und trinken muss, bewerten wir diese Zusatzkosten konservativ mit nur 2000 Euro. Zumindest eine Woche Golfurlaub im Jahr müsste sich dann auch der knausrigste Golfer leisten, etwa in Schottland oder auf Mallorca, das macht etwa 1500 Euro. Dann braucht man ein paar neue Bälle, ein paar neue Outfits und gelegentlich einen neuen Schläger und eine Golfstunde, das sind etwa 1000 Euro im Jahr. Macht total 7500 Euro im Jahr pro Person. Für ein Paar ist es nicht ganz das Doppelte.

Machen wir uns nichts vor. Golf ist teuer. Golf ist kein Modell für die Utopie einer sozialen Gesellschaft. Hartz IV ist nicht Par 4.

079 Dürfen Sozialisten Golf spielen?

Mit 73 Jahren kapierte es endlich auch Gerhard Schröder. Der ehemalige Bundeskanzler begann, Golf zu spielen. Seine fünfte Ehefrau aus Korea motivierte ihn dazu. Schröder war dann, wie meist in seinem Leben, ziemlich ehrgeizig und kam schnell auf Handicap 36.

Erstaunlich daran ist nur ein Faktor. Schröder ist Sozialdemokrat und steht damit für die Utopie des Sozialismus. Die SPD bezeichnet sich als „linke Volkspartei".

Linke spielen kein Golf.

Nun war Schröder in seiner Partei schon lange nicht mehr richtig akzeptiert. Er galt als zu russenfreundlich und zu wirtschaftsfreundlich und hatte zudem einen Hang zum lustvollen Lebensstil. Das alles war in der roten Griesgram-Partei natürlich pfui.

Mit anderen Worten. Schröder hatte in seiner Partei nichts mehr zu verlieren. Sein Ruf war bei den Linken längst ruiniert. Da kannst Du genauso gut mit Golfspielen anfangen.

Es gibt keine bedeutende Sportart außer Golf, die noch dermaßen rigoros in politischen Schranken verläuft. Golf ist für die Roten des Teufels.

Ein gutes Beispiel kenne ich aus der Schweiz. Eine der erfolgreichsten Abgeordneten der Sozialdemokraten hieß Pascale Bruderer. Sie konnte Golf spielen, wie manche wussten. Der Golfklub des Schweizer Parlaments fragte sie darum an, ob sie nicht mitmachen möchte. Sie lehnte sofort ab. Um Himmels Willen, wenn das meine Wähler erfahren!

Ein gutes Beispiel gibt es auch aus Deutschland. Im Wahlkampf von 2017 sagte der sozialdemokratische Kanzlerkandidat Martin Schulz: „Mich interessieren Golf-Fahrer deutlich mehr als Golf-Spieler."

Danach schaute er triumphierend in die Runde, weil er dachte, es sei ihm hier ein toller, klassenkämpferischer Spruch gelungen. Bei der folgenden Wahl kam der linkspopulistische Opportunist dann auf miserable zwanzig Prozent der Stimmen. In der Golfersprache würde man sagen: Schulz hatte nicht mal die Platzreife geschafft.

Einmal im Jahr treffen sich die Politiker zur Golf-Europameisterschaft der Parlamentarier. Golf ist fest in der Hand der bürgerlichen und konservativen Parteien. Linke sind in der Regel keine dabei. Eines der wenigen SDP-Mitglieder, die es können, ist Berlins ehemaliger Bürgermeister Klaus Wowereit.

Noch ärger als die Roten sind nur die Grünen. Die Golfplätze sind zwar die grünste aller grünen Zonen dieses Planeten. Aber einen Grünen haben wir trotzdem noch nicht erblickt. Stattdessen kämpfen sie gegen jedes neue Golfplatz-Projekt und ignorieren die enorme Artenvielfalt, die Golfplätze jeweils kreieren.

Nun, unser Schmerz über das Fernbleiben der Roten und Grünen hält sich in Grenzen. Schließlich wollen wir nicht den halben Abend darüber diskutieren, ob man die Golfbälle noch Golfbälle nennen darf, oder ob es nicht besser Golfbällinnen und Golfbälle heißt.

Nun gibt es auch Ausnahmen. Zwei der linksten Typen aller Zeiten sind sicher Fidel Castro und Che Guevara. Sie spielten beide Golf. Es gibt eine Reportage des kubanischen Fotografen Alberto Korda, der die beiden 1959 auf dem Platz des Habana Country Clubs zeigt. Sie spielen beide in Uniform und in Schnürstiefeln. Man sieht Fidel und Che beim Putten, auf dem Fairway und im Bunker. Sie amüsieren sich bestens.

Hinterher fragten sie die Caddies der beiden, wie Fidel und Che gespielt hätten. Bei Fidel Castro waren es 150 Schläge, bei Che Guevara 127.

Damit wären sie in unserer Runde willkommen. Denn wir sehen: Auch Revolutionären ist der Spaß wichtiger als der Score.

080 Welcher ist der beste Golfplatz der Welt?

Viele Golfer sammeln Golfplätze. Das Sammeln von Golfplätzen ist dem Sammeln von Automobilen vergleichbar. Es geht um Liebhaberei und es geht zugleich um Prestige.

Der Autosammler sagt darum beiläufig beim Feierabendbier in der Bar: „Morgen wird ein schöner Tag, ich könnte darum mal wieder meinen Aston Martin DB5 aus der Garage holen." Wenn er etwas angeben will, fügt er hinzu: „Wisst Ihr, das ist diese tolle Karre, die James Bond immer gefahren ist."

Der Golfplatzsammler sagt darum beiläufig beim Drink im Klubhaus: „Heute habe ich nicht gut gespielt. Vor zwei Wochen in Pebble Beach ist es mir viel besser gelaufen." Wenn er etwas angeben will, fügt er hinzu: „Wisst Ihr, das ist dieser tolle Platz am Meer in Kalifornien, wo das Greenfee 550 Euro kostet."

Ich finde, das Sammeln der besten Golfplätze dieser Welt gehört für einen leidenschaftlichen Golfer dazu. Es ist zwar nicht ganz billig, aber immer noch erschwinglicher als das Sammeln von Oldtimern. Es sind oft Erlebnisse, die man nie mehr vergisst, wie der Hochzeitstag und die Geburt des ersten Kindes.

Nur, welches sind die besten Golfplätze der Welt?

Ich habe dazu zwei Dutzend dieser Top-10-Listen und Top-100-Listen ausgewertet, die von all diesen Golf-Magazinen jährlich publiziert werden. Sie haben allerdings einen unsinnigen Nachteil. Sie listen unter den Spitzenplätzen auch all jene exklusiven US-Klubs auf, die für einen Durchschnittsgolfer unerreichbar sind, etwa Augusta, Shinnecock, Oakmont und Cypress Point. Hier darf man nur spielen, wenn man von einem Mitglied eingeladen ist.

In Shinnecock bei New York habe ich es mal versucht, indem ich wichtigtuerisch betonte, ich sei der erfolgreichste Golfautor im deutschsprachigen Raum. Sie waren völlig unbeeindruckt. „Sorry, Sir", sagten sie.

Ich beschränke mich darum bei der Auswahl der Sammelobjekte auf die besten Plätze Europas. Hier ist man, mit Ausnahme Frankreichs, nicht so hochnäsig wie in den USA. Hier darf jeder jeden Platz spielen; mitunter braucht es bloß etwas Geduld.

Die zwanzig schönsten Plätze Europas in meiner Auswertung sind: Muirfield, Turnberry, St. Andrews, Royal Dornoch und Trump International in Schottland, Sunningdale, Royal St. George's und Royal Birkdale in England, PGA Catalunya und Valderrama in Spanien, Royal Hague und Utrecht de Pan in Holland, Budersand und Winston in Deutschland, Monte Rei in Portugal, Domaine Imperiale in der Schweiz, Fontana in Österreich, Chantilly-Vineuil in Frankreich, Villa d'Este in Italien und Falsterbro in Schweden.

Das Großartige an großartigen Golfplätzen ist ja, dass wir sie nicht nur wie ein Tourist besuchen. Wir spielen sie. Wir sitzen nicht passiv im Kino, wir setzen uns mit den Plätzen auseinander. Wir werden somit Teil von ihnen. Jeder von uns spielt einen Platz völlig anders, jeder ist individuell auf dem Parcours unterwegs, wir sind auf Erkundung, nicht auf Visite. Das unterscheidet Golf fundamental etwa vom Wandern auf Wanderwegen, obschon auch hier das Naturerlebnis fantastisch sein kann. Golfer erobern die umgebende Natur, Wanderer genießen sie nur.

Ich denke, es müsste das Ziel jedes anständigen Golfers sein, die Hälfte der 20 schönsten Plätze Europas in seinem Leben einmal zu spielen. Ein glasiger Herbsttag mit pfeifendem Wind in Muirfield, eine Runde in Budersand, wenn über dem Meer die Nebel aufreißen, ein Abschlag in Sunningdale in die tiefstehende Sonne hinein. Gibt es etwas Besseres?

Zehn der besten Plätze Europas müssten es sein in einem Golferleben. Damit Sie mich richtig verstehen: Ich habe auch erst sechs, aber ich arbeite daran.

081 Welches ist das meistverkaufte Golf-Gerät?

Es war die größte Revolution in der sechshundertjährigen Geschichte der Golfschläger. Im Jahr 1991 brachte der junge, kalifornische Golfausrüster Callaway einen neuartigen Driver auf dem Markt. Er nannte ihn „Big Bertha".

Die dicken Berthas übernahmen den Namen des gefürchteten deutschen Mörsers aus dem Ersten Weltkrieg, der unter anderem Städte wie Lüttich und Antwerpen kräftig in Schutt verwandelt hatte.

Das dicke Ding von Callaway unterschied sich von allen bisher angebotenen Drivern zuerst im Material. Es bestand nicht mehr primär aus Persimmon-Holz, wie seine Vorgänger, sondern aus Stahl. Noch auffälliger war die Dimension des Dings. Es war riesig. Der Schlägerkopf hatte ein Volumen von 190 Kubikzentimetern. Das war fast doppelt so groß wie alles, was bisher auf den Markt gekommen war.

Aus heutiger Sicht war die Big Bertha von 1991 allerdings winzig. Heutige Driver haben ein Schlägerkopf-Volumen von bis zu 460 Kubikzentimetern, also mehr als zweimal so viel wie die riesige Bertha von 1991.

Die großkalibrigen Bertha-Driver wurden das bestverkaufte Golfgerät aller Zeiten. Genaue Zahlen sind nicht bekannt, aber Hersteller Callaway setzte über die Jahre damit Milliarden um, nachdem er die Bertha-Familie auch auf Eisen und Hybride ausdehnte.

Dennoch ist der Golfschläger aus der Serie der dicken Bertha nur das zweiterfolgreichste Produkt aus der gesamten Golf-Verwandtschaft. Das erfolgreichste Produkt ist der VW Golf, von dem sich seit dem Start in 1974 über dreißig Millionen Stück verkauften. Noch mehr schaffte nur der Toyota Corolla mit fünfundvierzig Millionen.

Es gibt ein paar Legenden, dass der VW Golf eine Referenz des Automobilbauers an den Golfsport war. Leider trifft das nicht zu.

Es ist viel profaner. Der VW Golf heißt nach einem Pferd.

Der Volkswagen-Manager Hans-Joachim Zimmermann hatte 1974 ein hübsches Reitpferd, einen Hannoveraner. Sein Chef, VW-Einkaufschef Horst Münzner fragte ihn, wie der Gaul heiße.

„Golf", sagte der.

Der Einkaufschef überlegte und rief am nächsten Tag seine Marketingleute an. Er sagte, er habe für den geplanten Neuwagen, für den man schon lange einen passenden Namen suche, womöglich eine guten Idee: Golf, VW Golf. Es war die Zeit, als VW bei seinen Typenbezeichnungen auf dem Trip der warmen Winde war. Andere Modelle hießen Passat, Santana und Scirocco. Da passten der Golf und der warme Golfstrom gut dazu.

Der Golf ist, hinter dem Toyota Corolla, das am häufigsten verkaufte Auto der Welt. Es ist eine schöne Erfolgsgeschichte, aber mit uns Golfspielern hat es leider nichts zu tun.

082 Spielen echte Golfer im Regen?

Zwei Golfer spielen im Regen. „Stell Dir vor", sagt der eine, „meine Frau wollte, dass ich ihr bei diesem Sauwetter im Garten helfe."

Man kann das Beispiel Gartenarbeit auch durch Jogging, Beeren suchen und Fischen ersetzen. Es sind Dinge, die viele auch im Regen tun. Sie tun es, weil sie eine ziemliche Dosis an Hobby-Fanatismus mitbringen.

Sollen wir im Regen spielen?

In dieser Frage kann ich mich ausnahmsweise als echter Experte aufspielen. Ich habe auf sechs von sieben Kontinenten den Schläger geschwungen. Nur in der Antarktis war ich noch nie. Dort gibt es zwar einen Platz, aber auf Schnee, also nicht interessant.

Beim Thema Regen gibt es drei Kategorien. Kategorie eins ist dort, wo Regen kein Faktor ist. Kategorie zwei ist dort, wo wir den Regen meiden. Kategorie drei ist dort, wo wir den Regen suchen.

In vielen Ländern geht es gar nicht anders, als gelegentlich im Regen zu spielen. Das gilt etwa für Golfreiseziele wie Thailand, Malaysia, Nordaustralien, Kenia, Mauritius und die Karibik. In der Regenzeit kommt der Regen oft innerhalb weniger Minuten und verschwindet dann nach einer halben Stunde wieder. Aber Regen spielt hier sowieso keine Rolle, weil man auch ohne Regen nach ein paar Löchern schon nassgeschwitzt ist. In den heißen Tropen stellt sich die Regenfrage nicht.

Bei uns in Mitteleuropa stellt sich die Frage schon. Denn bei uns ist es mit Regen nicht angenehm warm, sondern meist kalt. Kalt und nass ist keine gute Kombination. Bei uns spielen darum nur die wirklich hartgesottenen Golfer im Regen. Ich gehöre nicht dazu. Die hartgesottenen Golfer sind meist die Anfänger, die erst frisch mit dem Virus infiziert sind. Die gehen noch bei jedem Wetter raus.

Für uns schon etwas abgeklärtere Semester gilt nur ein Regen-Zwang. Wenn wir uns für ein Turnier angemeldet haben, und es gießt aus Kübeln, dann drücken wir uns nicht, sondern greifen zum Regenanzug. Turniere sind Ehrensache, bei jeder Witterung.

Und dann kommen wir zum Sonderfall, bei dem wir schon Tage zuvor den Wetterbericht studieren, weil wir hoffen, dass es regnen wird.

Der Sonderfall ist Schottland, und zwar die schottischen Links-Kurse am Meer. Hier freuen wir uns wie die Kinder, wenn es regnet.

Ein klassischer, naturbelassener Links-Platz wie Nairn, Brora. Preswick oder Murcar ist natürlich auch bei blauem Himmel eine Freude. Aber zur ganz speziellen Freude wird er erst unter typisch schottischen Bedingungen. Es braucht dazu diesen dünnen Nieselregen, den drizzle, und diesen heftigen Wind vom Meer her, der den Regen fast waagrecht durch die Luft fliegen lässt. Es ist ein Erlebnis wie kein zweites im Golf.

„Dreich" nennen die Schotten dieses feuchte Wetter. „Gaoithe" heißt der Wind. Den passenden Spruch dazu, dass es kein schlechtes Wetter, sondern nur schlechte Kleidung gibt, haben die schottischen Golfer erfunden. Die Chance, das typische Schottenwetter zu erwischen ist glücklicherweise hoch. In Aberdeen an der Ostküste hatten sie zuletzt 197 Regentage im Jahresdurchschnitt.

In ihrem Klima haben die schottischen Golfer darum auch immer eine Reserve aus einer ihrer lokalen Destillerien dabei. „Whisky ist flüssiger Sonnenschein", sagte George Bernard Shaw. Auch im Nieselregen scheint dann permanent die Sonne.

083 Wie viele Turniere im Jahr sind normal?

Der verrückteste Kerl, den ich kenne, ist Tiroler. Er war früher Polizist. Dann ging er vorzeitig in Rente. Dann langweilte er sich. Dann begann er wie ein Verrückter, Golfturniere zu spielen.

Er spielt alle unserer Klubturniere. Das sind 60 Stück im Jahr. Dann spielt er die Seniorenturniere des Landes. Das heißt Brombeer-Tour oder so ähnlich. Auch die sonstigen Turniere in der erweiterten Region lässt er nicht aus, wenn es keine Terminkollisionen gibt.

Er kommt auf bis zu 130 Turniere im Jahr. Um die Kosten im Griff zu halten, hat er sich dann ein Auto mit Gas-Antrieb zugelegt. Das kostet ein Drittel eines Benziners.

Manche sagen, wenn er früher als Polizist den gleichen Einsatz gezeigt hätte, dann wäre die Kriminalitätsrate in der Gegend auf null Prozent gesunken.

Es ist ein Extremfall. Etwa sechzig Prozent aller Klubmitglieder spielen nie ein Turnier. Bei den Frauen ist der Prozentsatz noch etwas höher.

Von den verbleibenden vierzig Prozent sind dann die Hälfte Gelegenheits-Turnierspieler, die nur ein paarmal jährlich antreten, etwa beim Presidents Cup, bei der Klubmeisterschaft, beim Pfingstturnier und bei der Junioren-Charity. Die verbleibenden zwanzig Prozent sind dann die Hardcore-Athleten, die jedes Jahr zwanzig oder mehr Turniere spielen. Es ist die Handicap-Truppe.

Ich gehöre zu mittleren Gruppe der aktiven Schwachaktiven. Aber ich habe in der letzten Zeit wieder etwas häufiger Turniere gespielt. Ich tat es aus sozialen Gründen. Ich habe zuvor fast nur noch mit alten Freundinnen und Freunden gespielt. Ich habe dadurch auf dem Golfplatz praktisch keine neuen Bekanntschaften mehr gemacht. Ich vereinsamte sozusagen, eine Vereinsamung in dichter Gesellschaft.

Bei Turnieren hingegen verschlägt es mich dann in Vierer-Flights, in denen ich neue Leute kennen lernte. Ich lernte zum Beispiel in einem Turnier vor ein paar Monaten einen Neurologen des Stadtspitals kennen, der mir erklärte, wie der Vertigo funktioniert, und warum mir darum manchmal schwindlig wird. Und ich lernte bei meinem letzten Turnier eine Friseurin kennen, die mir erklärte, wie Ombré die Strähnen ins Haar zaubert.

Ich empfehle darum, dass auch schon etwas gesättigte Golferinnen und Golfer etwa acht bis zehn Turniere im Jahr spielen sollten. Man lernt dann interessante Leute kennen und man lernt etwas fürs Leben.

Als ich mit Susanna nach unserem letzten Turnier im Klubhaus saß, erzählte ich ihr, was ich von der Friseurin über Ombré und die Strähnen im Haar gelernt hatte. Sie lächelte milde und sagte: „Ombré ist längst passé. Das macht man heute mit Balayage."

„Aber ich kann Dir dafür erklären", sagte sie dann, „warum mir manchmal schwindlig wird. Man sagt dazu Vertigo."

084 Wie lange können wir uns konzentrieren?

Die Studie stammte von Microsoft und machte 2015 ziemliche Schlagzeilen. Die menschliche Aufmerksamkeitsspanne war von zwölf Sekunden im Jahr 2000 auf mittlerweile acht Sekunden gesunken. Länger als acht Sekunde kann ein Individuum seine Aufmerksamkeit nicht derselben Sache zuwenden.

Microsoft erklärte es mit dem Trend zu Multitasking, also der Unsitte, mehrere unabhängige Tätigkeiten parallel ausführen zu wollen, zum Beispiel zu telefonieren und zugleich den Computer zu bedienen.

Die Untersuchung war ziemlich umstritten, aber es gibt inzwischen weitere Studien, die ähnliche Befunde erbrachten. Im Internet zum Beispiel liegt die Aufmerksamkeitsspanne bei etwa elf Sekunden.

Ob acht Sekunden oder elf Sekunden. Es ist jedenfalls eine sehr kurze Zeitspanne, während der wir voll auf eine Sache fokussiert sein können.

Sie denken jetzt an Ihr Putten? Sie denken zu Recht daran.

Wenn Sie sich länger als acht bis elf Sekunden auf Ihren Putt konzentrieren, dann steigt die Chance, dass der Putt misslingt. Es ist erfolgversprechender, nur einige Sekunden an Aufmerksamkeitsspanne aufzuwenden und dann abzudrücken.

Der Grund liegt am Arbeitsspeicher im menschlichen Gehirn. Der Arbeitsspeicher ist leider sehr klein. Er ist ungefähr so leistungsstark wie ein Computer-RAM aus den siebziger Jahren und darum schnell am Limit.

Wenn der kleine Arbeitsspeicher nun eine Menge Informationen zugleich verarbeiten muss, bei einem Putt etwa während dreißig Sekunden Informationen zu Neigungswinkel, Break, Distanz, Geschwindigkeit, Rückschwung, Graswuchs, Treffmoment, Durchschwung und Gefälle, dann ist er schnell einmal überfordert. Das kann ein Drei-Putt werden.

Bei Abschlag ist es ähnlich. Wir stehen auf der Tee Box und denken während dreißig Sekunden zugleich an Rückschwung, Handgelenk, Schulterdrehung, Windrichtung, Wasserhindernis rechts, Durchschwung, hohes Gras links, Kopfstellung, Kniebeugung und Stand. Das schafft unser kleiner Arbeitsspeicher nie. Viel Vergnügen beim Suchen des Balles hinterher.

Ich habe mir ein paar Anleitungen von Computer-Herstellern angeschaut, was man gegen einen zu leistungsschwachen Arbeitsspeicher tun muss. Alle sagen dasselbe. Man muss den Arbeitsspeicher leeren.

Stellen Sie sich also hin, leeren Sie Ihren Arbeitsspeicher, warten Sie ein paar wenige Sekunden – und dann schlagen Sie zu.

085 Wieso braucht es Caddies?

Ich glaube, das gibt es in keinem anderen Freizeitsport. Der Freizeitsportler mietet sich, zwecks Ausübung seines Freizeitsports, einen Assistenten oder eine Assistentin für seinen Freizeitsport. Die Mietdauer beträgt ungefähr fünf Stunden.

Im Golf heißen sie Caddies. Es sind eine Art persönliche Butler. Sie tragen, wenn wir zu Fuß unterwegs sind, die Tasche, oder fahren, wenn wir motorisiert unterwegs sind, den Cart. Das ist die unwichtige Seite. Auf der wichtigen Seite sind Caddies dafür bezahlt, uns vor Dummheiten zu bewahren. Sie sagen uns, welche Schläger wir nehmen sollen, wo es Fallen hat, wo wir hin spielen und welche Puttlinie wir anvisieren sollen.

Meine zwei Lieblings-Caddies sind Nok und Mee. In Asien sind alle Caddies Mädchen und Frauen. Caddies sind für Spieler obligatorisch auf den Plätzen.

Nok und Mee gehen beide auf die 50 zu, beide sind seit zwanzig Jahren als Caddies unterwegs und haben darum Tausende von Runden hinter sich. Beide sind reichlich übergewichtig. Sie schnaufen auf dem Platz wie die Dampfmaschinen, aber man kann ihnen in Sachen Golf rein gar nichts vormachen.

Wenn ich irgendwo auf dem Platz stehe und sie mir den Schläger reichen, dann schaue ich schon gar nicht mehr hin, welches Eisen sie mir in die Hand drücken – sie wissen das sowieso besser als ich. Und wenn sie eine Puttlinie ansagen, die gegen alle Vernunft einen Meter links vom Loch verläuft, dann putte ich gehorsam einen Meter links vom Loch – und wundere mich, dass sie schon wieder Recht haben.

Nok und Mee sind von erlesener Höflichkeit. Sie feixen nicht einmal, wenn ich den dritten Ball ins Wasser haue. Ganz selten nur geben sie mir ungefragt einen Rat. Sie sagen dann vielleicht. „Sir, you swing too fast." Wieder haben sie Recht.

In Europa sind Caddies nicht obligatorisch. In Großbritannien, Irland und den USA ruft man darum am Tag vorher an und bucht den Assistenten. In Deutschland, der Schweiz und Österreich hingegen haben viele Klubs diese Selbstverständlichkeit nicht im Angebot. Wenn man hier anruft und sagt, man würde für morgen gern einen Caddie bestellen, dann ist die Antwort: „Was wollen Sie bestellen? Ich verbinde Sie mit dem Restaurant."

In Britannien und Irland sind die Caddies keine Frauen, sondern Männer. Als Alltagsgolfer können wir davon ausgehen, dass sie das Spiel deutlich besser können als wir selbst. Auch Bernhard Langer, der beste Golfspieler, den der deutschsprachige Raum je herausbrachte, hat in Bayern als Caddie begonnen.

Als ich mal in Schottland wieder mal einen Ball mit einem Sechser-Eisen neben das Green gehauen hatte, schaute mich mein 17-jähriger Caddie leicht angewidert an. Ich sagte ihm, er solle mir bitte mal zeigen, wie es geht. Das sei zwar verboten, sagte er, aber er mache mal eine Ausnahme. Er nahm mein Neuner-Eisen aus der Tasche, droppte einen Ball und schlug ihn mit Backspin drei Meter hinter die Fahne.

„Bravo", sagte ich, „was hast Du für ein Handicap?"

„Fünf", sagte er.

Man kann darum die Caddies verstehen, dass sie sich – trotz Trinkgeld – gelegentlich über uns lustig machen.

Etwa der: „Wenn ich diesen Ball schon wieder daneben schlage", sagt der Golfer zum Caddie, „dann gehe ich ins nächste Wasserhindernis und ersäufe mich." „Ich bezweifle", sagt der Caddie, „dass Sie den Kopf so lange unten halten können."

Oder der: „Ich würde Himmel und Erde in Bewegung setzen", sagt der Golfer zum Caddie, „wenn ich diesen Platz unter 90 spielen könnte." „Halten Sie sich an den Himmel", sagt der Caddie, „den größten Teil der Erde haben Sie schon bewegt."

086 Wie nützlich sind Golfbücher?

Als ich noch ein hoffnungsvoller Nachwuchsgolfer war, kaufte ich fast jeden Monat ein neues Golfbuch. Denn ich wollte wissen, wie es geht. Bald wusste ich es.

Ich lernte zum Beispiel, wie der Schwung beginnt. Der Schwung beginnt, indem die linke Schulter sich anhebt. Der Schwung beginnt, in dem die rechte Hüfte sich nach vorne dreht. Der Schwung beginnt, indem sich das Gewicht vom rechten Fuß nach links verlagert. Der Schwung beginnt, indem die Arme den Ball anvisieren. Der Schwung beginnt, indem der rechte Ellbogen nach unten zieht. Der Schwung beginnt, indem die Schulterrotation einsetzt.

Ich war schnell etwas verunsichert, weil die Golfbücher sich oft diametral widersprachen. Einige Golfbücher warfen zudem anderen Golfbüchern vor, keine Ahnung von Golf zu haben.

Es gab auch Bücher, die Titel wie „Der synchronisierte Schwung" trugen oder „Golf komplex" oder „Die Golf-Wissenschaft". Sie machten aus Golf eine Kombination von topographischer Anatomie und Quantenphysik. Der Schwung begann hier, indem die linke Schulter sich anhob, die rechte Hüfte sich nach vorne drehte, das Gewicht sich nach links verlagerte, die Arme den Ball anvisierten, der rechte Ellbogen nach unten zog und die Schulterrotation einsetzte – aber bitte alles gleichzeitig.

Es gibt etwa 50.000 Bücher über Golf. Es gibt damit etwa 50.000 Theorien, wie Golf funktioniert. Das ist schon mal eine gute Nachricht. Für jeden Golfschwung dieser Welt gibt es mindestens ein Buch, das diesen Golfschwung propagiert. Sie können sich also den Kauf eines Golfbuchs ersparen.

Sie sind selber ein Golfbuch.

Das erste Golfbuch der Welt erschien von Henry B. Farnie im Jahr 1857. Es hieß „The Golfers's Manual" – geschrieben von einer „keen hand", einer starken Hand, wie sich der Autor beschrieb. Die Erstauflage lag bei 750 Stück. Es gibt noch ein paar Exemplare, die antiquarisch zu kaufen sind. Der Preis liegt bei rund 10.000 Euro.

Farnie schrieb zehn Kapitel über die wesentlichen Fragen des Spiels, über Rückschwung, Vorschwung, Stand und Griff. Er spielte damals mit den Guttapercha-Bällen, aus einer Art Kautschuk, die neu in Mode gekommen waren. Er schlug mit einer Variation von langen Schlägern aus Hickoryholz und kürzeren, schweren Eisen mit Holzschäften.

Der erste Golfbuchautor der Welt passte gut zu unserem Sport. Er war, wie die meisten von uns, ein Universalgenie. Er war Schotte und er schrieb, neben seinem Golfbuch, weitere Bücher, etwa über die Blumen und Pflanzen in St. Andrews. Dann war er Chefredakteur des Musikmagazin „The Orchestra". Berühmt wurde er als Librettist französischer Operetten, die er ins Englische übersetzte, so etwa Gounods „La Reine de Saba" und Offenbachs „Barbe-Bleue".

An den Theatern von London war er enorm erfolgreich und brach mit seinen Plays regelmäßig die Publikumsrekorde. Er war das, was man heute einen Star-Autor nennt.

Aber er zog nie nach London, obschon er hier viel mehr Money machen konnte. Er blieb zeitlebens in Schottland. Denn dort hatten sie die viel besseren Plätze.

087 Wer ist die beste Golferin aller Zeiten?

Da brauchen wir nicht lang nachzudenken. Babe ist unsere unvergängliche Liebe. Sie ist die Beste und wird immer die Beste bleiben.

1938 spielte Babe Zaharias am Los Angeles Open. Ihre beste Runde war eine Sieben über Par. Das war eine erstaunliche Leistung für eine Frau.

Denn das Los Angeles Open war ein Männerturnier, das von den besten Profis ihrer Zeit bestritten wurde. Babe war die erste Frau, die an einem Männerturnier mitmachen durfte. Sie tat es sechzig Jahre bevor andere Spielerinnen wie Annika Sörenstam und Michelle Wie das ebenfalls versuchten.

Mindestens so erstaunlich daran war: Babe Zaharias hatte erst drei Jahre zuvor das Golfspiel erlernt.

Zaharias ist in der Sportgeschichte das größte Wunderkind aller Zeiten. Sie begann als Leichtathletin. Bei den olympischen Spielen von 1932 gewann sie die Goldmedaille in so unterschiedlichen Disziplinen wie über 80-Meter-Hürden und im Speerwerfen. Auch im Hochsprung war sie Erste, die Kampfrichter setzten sie jedoch auf den zweiten Platz zurück, weil ihnen Babes Sprungstil als zu wenig weiblich erschien. Sie sprang kopfvoran einen Tauchroller.

In den vierziger Jahren war sie dann die dominierende Golferin. Sie gewann über dreißig bedeutende Turniere. Weil sie bei den Frauen fast alles gewann, spielte sie immer wieder bei den Profis auf der Männertour mit und schlug wie diese von den hintersten Tees ab. Ihr bestes Resultat spielte sie bei der Phoenix Open. Sie wurde 33. im hundertköpfigen Profi-Männerfeld.

Sie war 1,70 groß und wog 52 Kilogramm. Ihr Drive war länger als der mancher Männer.

Großartig war Mildred Ella Didrikson Zaharias, so ihr voller Name, auch im Baseball. Auch hier wurde sie in einigen Spielen von Profi-Männerteams wie den Boston Red Sox und den New Orleans Pelicans eingesetzt. Es ist unbestritten, dass Babe bis heute den schnellsten Ballwurf hatte, den man je von einer Frau gesehen hatte.

Neben Leichtathletik, Golf und Baseball startete Babe Zaharias an hochklassigen Wettkämpfen in Schießen, Tennis, Reiten, Basketball, Billard, Bowling, Fechten und Eisschnelllauf. Dazu sang sie professionell und hatte bei Mercury Records einen Schallplatten-Vertrag. Ihr größter Hit war „I Felt a Little Teardrop".

Babe starb 1953 an Darmkrebs. Kurz vor ihrem Tod spielte sie unter Schmerzen ihr letztes großes Turnier. Sie gewann das Turnier.

088 Wer ist der beste Golfer aller Zeiten?

Bei den Männern ist die Frage etwas schwieriger zu beantworten. Eine derart überragende Figur wie Babe Zaharias bei den Frauen gibt es hier nicht.

Wir entscheiden uns für Bobby Jones. Er gewann alles und hätte noch viel mehr gewinnen können. Aber er wollte nicht.

Im Jahr 1930 holte sich Bobby Jones alle vier Major-Titel, darunter die US Open und die British Open. Er war der erste dem das gelang und er schrieb damit Sportgeschichte.

Nach seinem vierfachen Triumph hatte Bobby Jones genug von Wettkampfgolf. Er war 28-jährig. Er eröffnete nun lieber in Atlanta eine Anwaltskanzlei und spielte nur noch zum Spaß.

„Championship-Golf ist wie ein Käfig", sagte er, „wenn Du drin bist, denken alle, Du bleibst für immer drin."

Das erstaunlichste an der Karriere von Bobby Jones war sein Desinteresse an Geld. Der weltbeste Spieler seiner Generation blieb sein Leben lang Amateur. Die US Open und die British Open gewann er sieben Mal, das erste Mal als 21-jähriger. Das Preisgeld für den Sieger ging dann jeweils an den Zweitplatzierten, weil Jones als Amateur kein Geld annehmen durfte.

Nach seinem Rücktritt vom Wettkampfgolf blieb Bobby Jones einer der populärsten Sportler der Welt. Wo er auch hinkam, etwa um eine

Runde zu spielen, kam es zu Volksaufläufen und die Journalisten rückten an. Jones beklagte sich, dass er sein Privatleben verloren habe. Es wäre schön, sagte er, einen privaten Golfklub zu haben, auf dem er mit seinen Freunden in Ruhe spielen könnte.

Er suchte darum nach einem geeigneten Gelände. Schließlich fand er es in Augusta. Jones gründete den Augusta National Golf Club und eröffnete ihn 1933. Ein Jahr später fand das erste Augusta Masters statt. Jones, inzwischen nur noch Hobbyspieler, wurde Dreizehnter.

Augusta wurde schnell zum exklusivsten Klub der Welt. Mitglied konnte man nur auf Einladung werden, und die Kriterien waren äußerst konservativ. Republikanische US-Präsidenten zum Beispiel waren als Mitglieder willkommen, Präsidenten aus der Demokratischen Partei waren es nicht.

Frauen und Farbige waren lange Zeit ausgeschlossen. Die erste Frau, die aufgenommen wurde, war 2012 Condoleezza Rice, die frühere US-Außenministerin. Sie war zudem Afro-Amerikanerin – die Erben von Bobby Jones waren gleich doppelt über ihren Schatten gesprungen.

Bobby Jones war renommiert für seinen Sportsgeist, den er auch bewusst zelebrierte. Bei einem Turnier in starkem Wind beispielsweise bewegte sich sein Ball ein wenig, nachdem er den Putter auf den Boden gesetzt hatte. Jones bestand darauf, einen Strafschlag zu bekommen, obschon alle seine Mitspieler sagten, er solle keinen Blödsinn erzählen.

Am nächsten Tag rühmten die Zeitungen seine enorme Fairness. Jones kommentierte: „Ihr könnt mich genauso gut dafür rühmen, dass ich keine Bank überfallen habe."

089 Wer ist der schlechteste Golfer aller Zeiten?

Im Jahr 1985 hatte das Magazin „Golf Digest" eine gute Idee. Es schrieb einen Wettbewerb aus, um den schlechtesten lebenden Golfer zu finden. Aus dem Kreis der Leser ging eine riesige Menge an Vorschlägen ein, die meisten stammten aus dem eigenen Freundeskreis.

Die vier Finalisten wurden schließlich zum Schlussturnier in Florida geladen, im Tournament Players Club at Sawgrass, auf den Platz, den viele für den schwierigsten der USA halten. Vor allem das winzige Inselgrün auf der 17 hat es in sich.

Es siegte Angelo Spagnolo, der Besitzer eines Lebensmittelgeschäfts. Er brauchte für die 18 Loch 257 Schläge. Spagnolo siegte mit deutlichem Vorsprung. Der Zweitplatzierte kam auf einen Score von 208. Hoch anzurechnen war den schlechtesten Golfern der Welt, dass sie bei jedem Schlag ihr Bestes gaben, das war ihnen deutlich anzumerken, aber das Beste war eben nicht gut genug.

Das Desaster für Freund Angelo kam an der 17, dem nur 110 Meter langen Par 3 zum Inselgrün. Spagnolo versenkte über 20 Bälle im Wasser. Dann riet ihm sein Caddie, den Putter zu nehmen und den Ball auf dem Fußweg, der rund ums Loch zur Fahne führte, bis aufs Green vorwärts zu schieben. Das gelang schließlich. Spagnolo schrieb eine 66, den höchsten Score an einem einzigen Loch in der Golfgeschichte.

Unter den gewöhnlichen Hackern errang Angelo Spagnolo mit seinem Schreckensresultat so etwas wie Kultstatus. Er gab reihenweise TV-Interviews und schrieb ein Buch über seine Golfkarriere. Titel: „Das Leben ist eine unspielbare Lage."

Auch die Profis enden mitunter in elenden Lagen. Das schlechteste Resultat in dieser Gilde lieferte in neuerer Zeit der exzentrische John Daly. Am Bay Hill Invitational von 1998 spielte er mit einem Dreiereisen den zweiten Schlag knapp in den Teich. Daly setzte dann mit demselben Eisen auch den zweiten, dritten, vierten und fünften Versuch ins Wasser, bis sein sechster Schlag endlich an Land aufkam. Er notierte eine 18. Am nächsten Loch spielte er dann unbeeindruckt ein Birdie, als wollte er sagen: Eine 18 passiert nun mal von Zeit zu Zeit.

Wenn auch Sie mal von einer missratenen Runde zurückkehren, dann gibt es ein todsicheres Mittel, sie in kürzester Zeit wieder in glänzende Laune zu versetzen. Rufen Sie auf Youtube oder auf Reddit das Video von Angelo Spagnolo auf, das seine 66 Schläge am 17. Loch widergibt. Am besten rufen Sie das Video gleich noch im Klubhaus auf.

Dann lehnen Sie sich zurück und sagen sich: Heute war kein schlechter Tag.

090 In welchem Alter soll man mit Golf anfangen?

Ich gehöre noch zur Generation, in der wir uns als Jugendliche auf Fußball- und Tennisplätzen herumtrieben. Der nächstgelegene Golfplatz war 40 Kilometer entfernt, und wir hatten nie davon gehört.

Ich habe auch heute nur einen einzigen Golfkumpel, der das Spiel schon als Kind erlernte. Er ist im schweizerischen Engadin aufgewachsen. Rund um St. Moritz war Golf schon immer populär.

Mein Golfkumpel ist für uns andere, die wir erst viel später begonnen haben, allerdings ein kleineres Problem. Er ist konstanter Single-Handicapper. Als Vierzehnjähriger hatte er bereits Handicap sechs. Auch heute, als Sechzigjähriger, hat er immer noch Handicap sechs.

Golf ist wie Schwimmen. Wer es als Kind gelernt hat, verlernt es niemals mehr. Das spricht dafür, dass wir unsere Kinder in einen Golfkurs schicken. Mein Klub zum Beispiel bietet schon Kurse für Fünfjährige an. Die meisten Kinder, die teilnehmen, sind Kinder von Golfern. Offenbar hält sich Golf an das Mendel'sche Vererbungsgesetz.

Die Kinder werden es später leichter haben als wir Spätberufenen. Sie werden später zu den besten Spielern in ihrem Freundeskreis gehören.

So, und jetzt kommt die überraschende Wende. Ich plädiere dennoch dafür, Golf erst mit 50 oder 60 oder noch später zu erlernen.

Wer erst nach 50 oder nach 60 mit Golf beginnt, der hat so etwas wie ein Erweckungserlebnis. Er oder sie erleben im fortgeschrittenen Alter einen unbekannten Schub der Begeisterung.

Das umwerfende Gefühl der Begeisterung ist ja sonst nicht mehr allzu präsent. Die Begeisterung im Job ist abgeflaut, die Begeisterung über den Partner ist auch nicht mehr ganz dieselbe, die Begeisterung für materielle Dinge wie Autos und Häuser hat sich ebenfalls gelegt.

In dieses Vakuum stößt nun Golf. Wer erst nach 50 oder nach 60 beginnt, der erlebt plötzlich eine Leidenschaft im Leben, die er oder sie nicht erwartet haben. Plötzlich erfasst uns eine Begeisterung, die wir uns selber nicht mehr zugetraut hätten. Wir verbringen dann als 50- und 60-jährige Golflehrlinge drei Stunden pro Tag auf der Driving Range und wundern uns über uns selbst.

Und dann entwickeln wir einen Ehrgeiz, den wir uns wiederum nicht mehr zugetraut hatten. Wir wollen von unserem Handicap 36 so schnell wie möglich auf Handicap 18 hinunter, oder, noch besser, hinunter auf 9. Wir haben in uns einen brennenden Ehrgeiz entdeckt, den wir aus dem Geschäft und in der Familie so nicht mehr kennen. Es ist ein großartiges Gefühl, auch wenn wir die 18 oder gar die 9 nicht erreichen. Es ist das Gefühl, auch wenn das etwas pathetisch tönt, im Leben nochmal eine Chance zu bekommen, um sich selber etwas zu beweisen, wenn wir sonst im Leben uns alles bewiesen haben.

Wenn man uns zusieht, dann könnte man denken: Golf ist für Jugendliche unter 50 Jahren nicht geeignet.

Nach ein paar Jahren auf dem Golfkurs legt sich auch dieser Ehrgeiz etwas. Aber wir bleiben begeisterungsfähig, wenn uns wieder einmal eine gute Runde gelingt.

Mein Golfkumpel, der den Sport schon als Kind erlernte, kennt diese Form der Leidenschaft und Begeisterung nicht. Er spielt seit Jahrzehnten seine Runden konstant hinunter, manchmal spielt er eine 76, dann spielt er eine 80. Beides nimmt er gleich gelassen.

Wir hingegen geraten in einen Begeisterungstaumel, wenn wir unter unserem Handicap bleiben. Dann freuen wir uns wie die Kinder.

Ich glaube, wir freuen uns wie die Kinder, weil wir es nicht schon als Kinder gelernt haben.

091 Darf ich husten, wenn einer oder eine schlägt?

Mein Auto war in Reparatur, darum nahm mich Bea auf den Golfplatz mit. Ich stieg ein, sie fuhr los und drehte das Radio kräftig auf, etwas später klingelte es, sie drückte ihr Handy ans Ohr und begann, mit einer Freundin zu telefonieren.

Eine gute Stunde später stand Bea auf dem dritten oder vierten Abschlag. Wir plauderten hinten ein bisschen. „Darf ich um Ruhe bitten!", schnappte sie giftig nach hinten.

Interessant, dachte ich. Beim Autofahren hast Du kein Problem mit lauter Musik und zugleich mit einem Gespräch im Handy am Ohr. Aber einen Golfball kannst Du nur treffen, wenn rundherum Grabesruhe herrscht.

Gut, wir schwiegen und sie schlug den Ball trotzdem ins Kraut. Sie schaute uns an, als ob wir auch daran schuld wären.

Die Golf-Etikette sagt: Wenn ein anderer Golfer schlägt, darf man keine Geräusche von sich geben, nicht reden, nicht husten, sich nicht räuspern, nicht flüstern. All das könnte den perfekten Golfschlag verhindern.

Ich halte diese Etikette für Unsinn. Denn es geht um das Phänomen der Konzentration. Wann können sich Sportler besser auf ihre Leistung konzentrieren? In der Stille oder im Lärm?

In fast allen Sportarten steigert der Lärm die Leistung. Fußballspieler fordern das Publikum mit schwingenden Armen zu einer gewaltigen Lärmkulisse auf, bevor sie den Elfmeter schießen. Basketballer, wenn sie den Korb anvisieren, brauchen genauso den Stimulus der Dezibel. Ohne rhythmisches Klatschen der Zuschauer geht bei einem Weitspringer und einem Sprinter nichts.

Nur die armen Golfer können nur dann, wenn kompletter Lärmschutz gilt. Die einzigen, die mit den Golfern darin etwas verwandt sind, sind die Tennisspieler. Sie bevorzugen es auch, wenn es bei ihrem ersten Aufschlag im Stadion ruhig ist – bei den nachfolgenden Schlagwechseln allerdings ist dann die Hölle los. Nur die Golfer bestehen auf permanenter Totenstille.

Um zu Bea zurückzukehren. Ich glaube, für sie wäre es vorteilhaft, wenn wir bei ihren Schlägen nicht schweigen, sondern derweil ein lautes „go Bea go, go Bea go" skandieren würden, begleitet von Händeklatschen. Sie ist der extrovertierte Typus, der auf solchen Ansporn sicher anspringen würde.

Das Ruhegebot auf den Golfplätzen ist blasiert. Der einzige Grund, warum es noch aufrechterhalten wird, ist seine Funktion als ideale Ausrede. Bei einem verhauenen Ball ist es höchst angenehm, wenn man als Ausrede sagen kann: „Im dümmsten Moment hat ein Vogel gepfiffen". Oder: „Im dümmsten Moment war der Rasenmäher so laut". Oder: „Im dümmsten Moment hat einer von Euch gehustet."

Golf entwickelt sich immer mehr zur Publikumssportart, und darum wird Golf auch bei der Lärmentwicklung sich an andere Publikumssportarten angleichen. Golf ist ein Sport der großen Emotionen. Große Emotionen unterliegen nicht der Schweigepflicht.

Vorgemacht haben es beispielsweise der Engländer Ian Poulter und der Amerikaner Bubba Watson beim Ryder-Cup, dem wichtigsten Turner der Golf-Agenda. Sie standen gemeinsam auf dem Abschlag, hoben die Arme auf und ab und forderten so die Zuschauer auf, zu klatschen, zu pfeifen und zu schreien.

Es war ein Höllenlärm auf dem Platz. Poulter und Watson schlugen ab und hatten in diesem Getöse ein breites Lachen im Gesicht.

Ich glaube, das ist die Zukunft von Golf. Unser Sport ist ein Spaß-Sport. Spaß hat man nicht in der Stille.

092 Welcher Golfball ist der richtige?

Ich legte mal wieder einen meiner perfekten Abschläge vor, aber leider rollte der Ball in Richtung eines Tümpels, der an dieser Stelle rein gar nichts verloren hatte.

Wir fanden meinen Ball nicht mehr, dafür fanden wir einen anderen. Ich droppte ihn und schlug drauf. Der Ball flog wunderbar und landete zwei Meter neben der Fahne. Der Putt ging rein. Ich hatte, trotz eines Zwischenstopps im Wasser, das Par gerettet.

Ich schaute mir nun den gefundenen Ball genauer an. „Super Newing" stand drauf. Ich hatte noch nie von dieser Marke gehört.

Das nächste Loch war ein Par 3 übers Wasser. Ich teete den gefundenen Ball leicht auf, schlug drauf, der Ball flog präzise und landete erneut zwei Meter neben der Fahne. Ich schaute mir den gefundenen Ball ein zweites Mal an. „Super Newing" stand immer noch drauf.

Ich habe mir dann 48 Stück dieses Super Newing im Internet bestellt. Das scheint vielleicht etwas übertrieben, weil dieser Ball ja sowieso immer nur zwei Meter vom Loch entfernt landet. Aber sicher ist sicher, sagte ich mir. Seitdem spiele ich Newing. Der Ball kommt aus Japan. Ich vertraue diesem Ball, und er vertraut mir.

Golfbälle, davon kann man ausgehen, sind alle nahezu gleich. Die haben einen Durchmesser von mindestens 42,67 Millimeter und das maximale Gewicht sind 45,93 Gramm. Alle Bälle haben einen Gummikern und darum herum einen, zwei oder drei Kunststoffmäntel. Golfbälle unterscheiden sich auf den ersten wie auf den zweiten Blick nur beim Hersteller-Logo.

Die Herstellung ist eine Low-Tech-Technologie. Golfbälle werden gegossen und gepresst. Es gibt nur ein halbes Dutzend Hersteller auf der Welt, die meisten in China. Ihre Produktion ist ähnlich einfach wie jene von Damenhandtaschen.

Teurere Golfbälle haben eigene Spezifikationen. Preiswerte Bälle unterscheiden sich oft nur durch den Schriftzug, der auf ihnen steht. Am Morgen laufen die Maschinen und drucken das Wort „Pinnacle" auf die Bälle. Am Nachmittag laufen die gleichen Maschinen und drucken das Wort „Titleist" auf die identischen Bälle. Denn beide Ballmarken gehören zum südkoreanischen Sport-Konzern Fila.

Manche Golfer sagen, sie würden nie mit Pinnacle spielen. Sie spielen nur mit Titleist.

Manche Frauen würden nie eine Damenhandtasche von Chanel kaufen. Sie kaufen nur Gucci.

Golfbälle sind Markenartikel. Markenartikel sagen viel über ihren Besitzer aus. Chanel ist luxuriöser, Gucci trendiger.

Bei Golfbällen ist es ähnlich. Es gibt Golfer, die spielen nur mit den übertreuerten Titleist Pro V1. Sie signalisieren, dass sie ehrgeizig sind. Andere spielen nur mit gebrauchten Bällen von Wilson. Sie signalisieren, dass sie geizig sind.

Die meisten Spieler spielen mit Bällen, mit denen sie in der Vergangenheit gute Resultate schossen. Sie setzen auf Nike, weil sie damit ein Turnier gewonnen haben. Oder sie setzen auf pinkfarbene Callaways, weil sie damit beim Ladies Day immer gut punkten. Ich habe auch noch ein paar von diesen Super Newings. Sie sind nicht mehr so gut in Form, wie sie anfangs waren, aber ich glaube noch an sie.

Der Ball wird damit ein Amulett, zum Glücksbringer, von dem magische Kräfte ausgehen sollen.

Wir sind damit im Bereich des Fetischismus angekommen. Der Fetischismus arbeitet mit Talismanen. Das sind kleine Gegenstände, denen große Zauberkräfte zugeschrieben werden. Die Glücksbringer hängt man sich um den Hals oder trägt sie in der Tasche mit.

Beim Golf ist es praktischer. Wir hauen direkt auf den Talisman drauf.

093 Wie sterben Golfer, wenn überhaupt?

Golfer, das ist wissenschaftlich erwiesen, leben länger als der Rest der Bevölkerung.

Die wissenschaftliche Studie des schwedischen Karolinska Institutet ist zwar schon einige Jahre alt, aber immer noch gültig. 300.000 schwedische Golfer wurden dabei von den Medizinern statistisch durchleuchtet. Die Resultate sind verblüffend.

Die Todesrate von Golfern ist 40 Prozent tiefer als die Todesrate anderer Personen, die mit ihnen bei Kriterien wie Alter, Geschlecht und sozioökonomischem Status vergleichbar sind. Wenn man das in Lebensjahre umrechnet, bedeutet das: Golfer und Golferinnen haben eine Lebenserwartung, die fünf Jahre höher liegt als beim Rest der Bevölkerung.

Der Grund liegt bei der besseren Fitness der Golfer gegenüber dem Bevölkerungsteil, der sich mehr auf Sportarten wie TV-Konsum und Kartoffelchips konzentriert.

Die tiefste Todesrate in der Untersuchung hatten Spieler mit tiefem Handicap, die höchste Todesrate Spieler mit hohem Handicap. Der Unterschied zwischen Single-Handicappern und High-Handicappern machte rund 15 Prozent aus.

Es lohnt sich also, so schließen wir, wieder mal etwas am Schwung zu schleifen. Wir senken dadurch nicht nur unser Handicap, wir haben auch länger etwas davon.

Irgendwann, wenn auch Jahre später, ereilt es allerdings auch die besten unter uns. Wenn es uns schon ereilt, dann wäre eine angemessene Form, dass es uns auf dem Golfplatz ereilt. Der Tod auf dem Golfplatz ist nicht der übelste Exitus.

Etwa 4000 Golfer, so geht die Schätzung, hauchen jährlich ihr Golferleben auf den Greens und Fairways aus. Weitaus häufigste Todesursache ist die Herzattacke auf dem Golfplatz.

Ein Freund von mir zum Beispiel sank im Bunker am 14. Loch nieder und war sofort tot. Weil Golfer ein respektloses Volk sind, ging natürlich in den folgenden Tagen im Klubhaus eine intensive Regeldiskussion los. Durfte der nächste Spieler die Leiche aus dem Bunker entfernen oder zog er sich dadurch zwei Strafschläge zu?

Zweithäufigste Todesursache sind Unfälle mit Golfcarts, die vom Weg abkommen oder sich überschlagen.

Selten hingegen, obschon immer wieder beschworen, sind Tote durch Blitzschlag auf dem Platz. Es sind keine zehn im Jahr. Als 2012 vier Golferinnen gleichzeitig in Nordhessen durch einen Blitzschlag umkamen, war es die große Ausnahme der Regel. Und gar völlig inexistent sind Selbstmorde von Golfern auf dem Klubgelände. Dazu ist unsere Spezies viel zu frohgemut.

Es sind nur zwei Fälle bekannt, bei denen ein Golfer durch den eigenen Schläger zu Tode kam. In New York etwa schlug ein junger Spieler nach einem schlechten Abschlag sein 3er-Holz zornentbrannt gegen eine Sitzbank. Der Schlägerkopf zersplitterte und ein Stück davon bohrte sich wie ein Schrapnell ins Herz.

Die gefährlichste Sportart in Europa, gemessen an den Todesfällen, ist im Übrigen das vermeintlich harmlose Bergwandern. Die Wandergesellen sollten sich besser ein Schlägerset kaufen. Dann leben sie länger.

094 Nützen Golflehrer etwas?

Reden wir erst mal über Fahrlehrer. Nach ein paar Lektionen kann jeder Auto fahren. Die einen etwas besser, die andern etwas schlechter, aber jeder kann es.

Wir könnten auch über Schwimmlehrer und Tanzlehrer reden. Nach ein paar Lektionen kann jeder schwimmen und tanzen, manche etwas besser, manche etwas schlechter, aber jeder kann es.

Golflehrer, genannt Golfpros, sind die große Ausnahme. Manche Golfspieler verbringen Dutzende von Stunden mit ihnen. Aber sie können es immer noch nicht.

Die entscheidende Frage ist: Liegt es an den Golfpros oder an den Golfern? Ich denke, es ist halbe-halbe.

Golfpros erinnern mich immer an Psychiater. Kaum ist beim Patienten die Essstörung kuriert, entdeckt der Psychiater einen Ödipuskomplex. Kaum ist der Ödipuskomplex weg, schon diagnostiziert der Psychiater eine Depression. So baut man eine langfristige Kundenbeziehung auf.

Beim Golfpro ist es vergleichbar. Kaum hat er die Schwungebene repariert, fällt ihm ein völlig falscher Griff auf. Kaum sitzt dann der neue Griff, läuft die Hüftdrehung aus dem Ruder.

Ich kenne viele Golfer, die seit zwanzig oder dreißig Jahren regelmäßig Golfstunden nehmen. Es wäre mir nicht aufgefallen, dass sie dadurch erkennbar besser spielen würden. Fairerweise muss ich sagen, dass sie auch nicht schlechter spielen.

Der Psychiater und der Golfpro haben dasselbe Problem. Sie orientieren sich an einem Ideal. Beim Psychiater ist es das harmonische Seelenideal, beim Golfpro ist es das normierte Schwungideal. Beides gibt es nicht. Wir alle haben Macken, psychische Macken und golferische Macken.

Damit muss man leben. Ich bin darum ein Anhänger des individuellen Golfschwungs. Ich glaube, jeder Golfer hat einen individuellen Schwung, der in ihm steckt. Es ist ein ziemlich hoffnungsloses Unterfangen, diesen individuellen Schwung in einen definierten Schwung nach Lehrbuch zu verwandeln. Jeder soll so schwingen, wie es ihm liegt. Das ist in uns drin.

Der Golfpro sagt das Gegenteil. Er glaubt an den Standardschwung, den normierten Schwung.

Ich zum Beispiel neige zum Hook. Ich ziele beim Abschlag darum auf die rechte Fairwayseite. Mein Kumpel Willy hat einen Slice, aber einen Slice, der jedes Mal so exakt ist wie ein Präzisionsinstrument. Und Walter, der ehemalige Hockeyspieler, hat eine Schwungebene so flach wie eine Flunder.

Wir wollen unsere Macken gar nicht loswerden. Wir drei buchen, wie die meisten Golfer, kaum je einen Golfpro und nehmen kaum je eine Golflektion. Im normalen Leben sind wir Individualisten. Ich schreibe kuriose Golfbücher, Willy macht originelle Werbung und Walter ist ein kreativer Fotograf.

Im normalen Leben sind wir Individualisten. Warum sollen wir uns auf dem Golfplatz plötzlich normieren lassen?

095 Wie macht man Geschäfte auf dem Golfplatz?

Der Bauunternehmer und der Autohändler spielen zusammen eine Runde Golf. Der Bauunternehmer erzählt davon, dass er eine neue Wohnsiedlung plane. Der Autohändler erzählt davon, dass er einen neuen Showroom brauche.

Am vierzehnten Loch sind sie sich einig. Der Autohändler liefert dem Bauunternehmer zehn neue Lastwagen. Der Bauunternehmer baut ihm im Gegenzug die neue Ausstellungshalle.

Ungefähr so stellen sich Lieschen Müller und Otto Normalverbraucher die Gepflogenheiten auf dem Golfplatz vor. Dort schwingen Unternehmer, Anwälte, Manager, Bankiers und Firmenbesitzer – und ihre weiblichen Pendants – ihre Stöcke durch die Luft; in Wahrheit aber geht's um etwas anderes. Auf dem Golfplatz machen sie ihre Geschäfte.

Es ist eines der ältesten Vorurteile gegenüber unserem Sport. Es ist so alt wie falsch.

Das einzige Geschäft, das ich mal auf dem Golfplatz gemacht habe, war der Kauf eines Odyssey-Putters, den ich einem Freund abgekauft habe. Es war ein glänzendes Geschäft. Er machte mir einen Freundschaftspreis, den Putter spiele ich heute noch.

Sonst gibt es keine größeren Geschäfte auf dem Platz. Das hat einen einfachen Grund. Während einer Golfrunde kommt selten ein normales Gespräch zustande, vor allem unter Männern nicht. Männer hauen ihren Ball alle paar Minuten links und rechts in die Wiese, ins Gebüsch oder in den Tannenwald. Dann machen sie sich in unterschiedlicher Richtung davon, um ihre Bälle aufzuspüren.

Wenn sie sich auf dem Green irgendwann wieder treffen, ist auch nicht viel Zeit für Diskussionen. Dann wird geputtet. Wir springen auf dem Platz darum von schnellem Smalltalk zu schnellem Smalltalk.

Später im Klubhaus ist ebenfalls keine Gelegenheit für Geschäfte. Hier wendet man sich, nach den Schrecknissen der Golfrunde, nun den schönen Dingen im Leben zu, der Lachsterrine, der Entenbrust und dem Blauburgunder. Dazu erzählt man sich die Geschichten aus dem reich bewegten Golferleben. Wer in dieser Atmosphäre nun zehn Lastwagen verkaufen will, wird erbärmlich scheitern.

Geschäfte macht niemand auf dem Platz, aber Geschäfte können auf dem Platz vorbereitet werden. Das gilt vor allem für Einladungsturniere von Firmen, bei denen wir im Flight immer mal mit Exponenten aus dem Geschäftsleben zusammentreffen, die wir bisher nicht oder nur flüchtig kannten.

Wenn wir uns in dieser Runde während vier Stunden gut amüsieren, ist möglich, dass einige Wochen später von der einen oder anderen Seite ein Telefonanruf oder eine Mail zu einem geschäftlichen Thema erfolgt.

Geschäfte auf dem Platz macht man nicht, aber man kann sie vorbereiten. Gut amüsieren wir uns mit Spielern, die heiter sind, aber keine Witzbolde, die konzentriert spielen, aber nicht verbissen, die gesprächig sind, aber nicht redselig und die gebildet sind, aber nicht besserwisserisch. Mit diesem Typus spielt jeder gern Golf, mit diesem Typus macht auch jeder gern Geschäfte.

Der Auftritt während einer Golfrunde ist so etwas wie eine Visitenkarte. Ein Kollege von mir, ein Marketingmann, wurde zum Beispiel ein paar Wochen nach einem dieser Einladungsturniere von seinem Flightpartner zu einem Anstellungsgespräch eingeladen. Der Flightpartner war Chef einer großen Versicherung. Mein Kollege bekam den Job. Es war für ihn ein enormer Karrieresprung. Ohne Golf hätte er diese Karriere nicht gemacht.

Aber: Mein Kollege ist kein guter Golfer. Er ist hingegen ein guter Typ. Der zweite Punkt zählt auch auf dem Golfplatz mehr.

096 Wie emanzipiert ist Golf?

Beginnen wir mit der größten Ungerechtigkeit im Golf.

Männer können eine Lady spielen, wenn sie den ersten Abschlag komplett verhauen und nicht über den Damenabschlag hinauskommen. Das kostet einen Drink für jede und jeden im Flight.

Ladies können keine Lady spielen, weil vor ihrem Abschlag sich nur das Niemandsland der Spielbahn erstreckt. Ich habe darum in meinen Klubs immer mal wieder vorgeschlagen, eine kleine Flagge etwa dreißig Meter vor dem Frauen-Tee in den Boden zu stecken, damit auch den Ladies eine Lady gelingen kann.

Mein Vorschlag auf solche Chancengleichheit zwischen Frau und Mann wurde jeweils rundum abgelehnt. So ist das eben. Wenn mal einer ernst machen will mit der Gleichberechtigung, ist auch wieder nicht recht.

Dennoch können wir den Golfplatz rund um die Frauen-Männer-Diskussion nur in hohen Tönen preisen. Es gibt kaum einen gesellschaftlichen Raum, in dem das Verhältnis der Geschlechter derart entspannt ist.

Die Zeiten, wo an Klubhäusern die Inschrift „No Dogs and no Women admitted" prangte, sind vorbei.

Zuerst einmal ist Golf die einzige Sportart, wo in Klub-Wettkämpfen Frauen und Männer gemeinsam unterwegs sind. Sonst gibt es das nirgendwo. Im Springreiten oder Städtelauf nutzen männliche und weibliche Amateure zwar auch den gleichen Parcours, aber das tun sie nicht gemeinsam, sondern jede und jeder für sich.

Ich halte Golf darum für den emanzipiertesten Bereich in der Debatte um Gleichheit der Geschlechter. In der Wirtschaft wird sie durch ungleiche Lohn- und Karrierechancen verzerrt, in der Politik verzerrt andersherum die Quotenfrage die unbefangene Sichtweise, und von der Kirche wollen wir lieber gar nicht reden.

Bei uns aber ist das mustergültig. Es gibt keine Benachteiligung der Frauen. Es gibt keine Benachteiligung der Männer. Beide Gruppen müssen dieselben Schwierigkeiten überwinden, die Frauen zu Recht mit etwas weniger Distanz. Die Schläger und Greenfees kosten gleich viel. Nur die Frauen-Golfmode ist teurer als die Männer-Golfmode, aber das ist eine selbstverschuldete Diskrepanz.

Ein Leser eines meiner Bücher hat mir mal geschrieben, es finde es amüsant, dass meine Beweisführungen mitunter mit Aperçus von etwas unterhalb der Gürtellinie gewürzt seien. Das stimmt, und darum würze ich auch kurz die Gleichberechtigungsdebatte.

Drei Ladies spielen eine Runde, als ein nackter Mann mit einer Papiertüte über dem Kopf vorbeirennt. Die drei mustern seine Körpermitte. Die erste sagt: „Das ist definitiv nicht mein Ehemann." Die zweite sagt: „Meiner ist es auch nicht." Die dritte schaut noch genauer hin und sagt: „Der ist nicht mal Mitglied in unserem Klub."

Stellen wir uns vor, der Witz ginge umgekehrt mit drei Männern und einer Frau. Da hätte sicher gleich eine Sexismus-Beauftragte eingegriffen. Im Golf aber dürfen auch Frauen problemlos frivole Witze über uns Männer machen. Es betätigt meine These: Nirgendwo sonst ist das Verhältnis von Frauen und Männern so entspannt und friedlich wie im Golf.

Man müsste dem Golfsport den Friedensnobelpreis geben.

097 Wer erfand Golf als Profisport?

Das Jahr 1858 war im Golfsport ein historisches Jahr. Auf dem Old Course im schottischen St. Andrews, dem ältesten noch existierenden Platz der Welt, gelang einem Golfer eine grandiose Runde. Der 42-jährige Allan Robertson notierte eine 79. Es war das erste Mal, dass einer in St. Andrews ein Score unter 80 ablieferte.

Allan Robertson, geboren in St. Andrews, war der erste Golfprofi in der Geschichte dieses Sports. Er war ein kurzer, bulliger Typ, immer friedlich, nie nervös, auf dem Platz immer kontrolliert.

Robertson spielte ab 1840 um Geld gegen die gutverdienende Oberschicht Schottlands, gegen Adelige, Großgrundbesitzer, Industrielle und Banker. Die Form des Wettkampfs war meist Matchplay. Robertson, so ist überliefert, hat in seinem Leben keine eine einzige Partie verloren, bei der es um Geld ging.

Robertson machte reichlich Geld. Das ermunterte andere talentierte Spieler wie Tom Morris und die Brüder Willy und Jamie Dunn, ebenfalls mit Golf ihr Leben zu verdienen. Bald einmal spielten die Berufsspieler um hohe Geldsummen auch gegeneinander. Golf als Profisport war geboren.

1845 kam es zwischen den besten Profis zum sogenannten „The Great Money Match". Es ging um unglaubliche 400 Pfund, der höchsten Preissumme dieses Jahrhunderts. Man spielte über drei Runden ein Vierer-Match, Robertson und Morris gegen die Gebrüder Dunn.

Auf der letzten Runde, gespielt in North Berwick, lagen Robertson und Morris vier Löcher zurück. Die Buchmacher offerierten die Wetten mit 20:1 gegen sie. Doch sie drehten das Spiel noch hauchdünn.

Golf erlebte um 1850 die wichtigste Wende vom mittelalterlichen zum modernen Sport. Golf wurde nicht nur zum ersten Sport für Professionals, dem als zweiter Berufssport ab 1880 der Fußball in England folgte. Auch technologisch war es eine Phase der Innovation.

Bisher war der Golfball ein sogenannter „Feathery". Er bestand aus Enten- und Hühnerfedern, die gekocht und dann in eine Lederhülle gedrückt wurden. Der Federball flog etwa 180 Meter. Von 1450 bis 1850 war er die Standardkugel.

Etliche Golfprofis wie auch Allan Robertson hatten einen Handwerksbetrieb, der die Bälle produzierte. Die Produktion war kompliziert. Robertson verkaufte im Jahr 2500 Stück. Der Featherie war darum sehr teuer.

Um 1850 kam dann der „Gutty" auf, ein Ball aus dem getrockneten Saft des Guttapercha-Baums in Malaysia und Indonesien. Damit begann die Massenproduktion der Golfbälle und der Weg von Golf zum Massensport.

Der neue Ball war härter und schwerer als sein Vorgänger. Wieder war es Allan Robertson, der die Lösung fand. Er war der erste, der nun regelmäßig Metallschläger verwendete. Sie ersetzten teilweise die bisher üblichen Schläger aus Holz. Robertson, geschäftstüchtig wie er war, gründete eine erste Fabrik für Eisenschläger. Für Golf, wie zugleich in der Textil- und Maschinenbranche begann nun das Industriezeitalter.

1859 starb Robertson an den Folgen einer Gelbsucht. Damit verlor die Welt ihren ersten Golfprofi und ihren besten Spieler. Um seinen Nachfolger zu finden, schufen die schottischen Golfklubs im Jahr darauf zu seinen Ehren ein neues Turnier. Sie nannten es The Open Championship.

Heute nennen wir es British Open.

098 Was ist die wichtigste Eigenschaft eines Golfers?

Als ich mal mit Tina spielte, wurde ich Zeuge von einem seltenen Naturereignis. Am 14. Loch, einem Par 5, spielte Tina einen Eagle. Nach zwei Schlägen lag sie kurz vor dem Grün. Von dort chippte sie den Ball ins Loch.

„Tina, das war genial", jubelte ich. „Genial war nur Leonardo da Vinci", sagte Tina. Sie ist Architektin.

Es war eine typische Golfer-Antwort. Echte Golferinnen und Golfer haben oft diesen lockeren Hang zur Untertreibung. Understatement nennen es die Briten.

Wenn einem echten Golfer ein sensationeller Abschlag gelingt, und alle anderen gebannt staunen, dann sagt der echte Golfer: „Schon erstaunlich, was so eine durchzechte Nacht bringt."

Wenn einer echten Golferin ein großartiger Putt gelingt, und alle anderen gebannt staunen, dann sagt die Golferin: „Hätte nicht gedacht, dass mein neuer Armreif so schnell wirkt."

Understatement ist die Kunst, sich selber nicht wichtig zu nehmen. Es ist die Kunst der Selbstironie.

Ich glaube, die Selbstironie ist die beste Charaktereigenschaft, die uns Golfer auszeichnet. Wir nehmen uns selbst nicht so wichtig. Diese Attitüde haben wir alle irgendwann gelernt. Unser Sport ist eine derartige Berg- und Talfahrt, dass wir inzwischen genau wissen, dass auf jeden tollen Schlag jederzeit ein miserabler Schlag folgen kann. Golfer sind darum keine Glücksspieler. Sie glauben nicht an eine Strähne. Sie wissen, Strähnen sind kurz.

Auch wenn uns ein genialer Schlag gelingt, machen wir Golfer darum einen selbstironischen Spruch. Die Kunst der Selbstironie unterscheidet uns von nahezu allen anderen Sportarten.

Nach einem Hole-in-one sagen wir zum Beispiel: „Das war ganz in Ordnung. Aber beim nächsten Mal versuche ich es mit einem Schlag weniger."

099 Was lernen wir bei einem Profi-Turnier?

In meinem Golfklub in Thailand, wo ich jeweils überwintere, haben sie ein Turnier der Profi-Tour. Es heißt Laguna Phuket Open und ist mit 66.000 US-Dollars dotiert. Eine solch bescheidene Preissumme gehört im Profi-Golf zur unteren Liga.

Es spielen hier vor allem junge Berufsspieler aus aller Welt, die am Anfang ihrer Karriere stehen und von einem Sieg am British Open träumen. Ich gehe jedes Jahr hin und schaue zu. Es ist eine äußerst lehrreiche Erfahrung, die ich nur empfehlen kann. Die lehrreiche Erfahrung besteht darin, einen Platz, auf dem ich als Amateur wöchentlich scheitere, einmal von hervorragenden Golfern bespielt zu sehen.

Unter uns spielen wir den Platz von den zweithintersten, blauen Abschlägen. Am Turnier spielen die Profis von ganz hinten, von den schwarzen Tees. Sie sind beim Abschlag dennoch etwa sechzig Meter länger als wir, und sie sind kerzengerade. Und mit dem zweiten Schlag sind sie nahezu immer auf dem Grün. Nur bei den Putts, und dies stärkt unsere fragile Selbstwahrnehmung ein wenig, sind sie dann einigermaßen in unserer Reichweite.

Wir waren immer angetan davon, dass unser Platz im Ranking zu den schwierigen Plätzen der Region gehört, weil er sehr lang und mit vielen Wasserhindernissen bestückt ist, An unserer Laguna Phuket Open spielen nun die jungen Profis dauernd 64er und 65er Runden. Seitdem fürchten wir, dass unser Platz ein Mickey-Mouse-Platz ist.

Im letzten Jahr gewann das Turnier die Nummer 598 der Weltrangliste. Zweiter wurde die Nummer 1044 der Weltrangliste.

Interessant daran ist, wie exzellent die Nummern 598 und 1044 spielen und wie weit der Weg an die Weltspitze trotzdem noch ist. Ich hatte das Privileg, an ein paar Pro-Am-Turnieren mit absoluten Spitzenspielern eine Runde zu spielen, etwa mit Ernie Els und Sergio Garcia. Der Unterschied der jungen Spieler an unserem Turnier zu den absoluten Top-Profis ist minimal, zwei, drei Schläge pro Runde vielleicht, aber es ist der Unterschied, der sich in Hunderttausenden von Dollars misst.

Der Unterschied zu uns Normalgolfern hingegen ist wie Tag und Nacht. Erstaunlich bei den Profis ist vor allem ihre unbeschwerte Leichtigkeit. Sie lassen die Arme derart unbekümmert und furchtlos fliegen, als gäbe es sonst nichts auf der Welt. Auch die besten in unserer Golfgruppe, bewährte Single-Handicapper, schauen bei unserem Heimturnier den Schwüngen und Schlägen der Profis jeweils fassungslos zu.

Als Zuschauer an einem Profi-Turnier bekommt man bestätigt, was man schon immer ahnte. Golf besteht aus zwei Sportarten. Die eine ist Golf, wie wir es spielen. Die andere ist richtiges Golf.

100 Warum lieben Golfer dermaßen das Risiko?

Wir fanden den verzogenen Schlag von Markus hinter einem kleinen Föhrenwäldchen. Der Ball lag im Laub. Dass wir den Ball überhaupt fanden, war das erste Wunder.

Markus kündigte nun das zweite Wunder an. Er versuchte, den Ball mit einem einwärts gedrehten Eisen um das Wäldchen herum direkt aufs Grün zu schlagen. Ein sogenannter Haken-Schlag.

Das Wunder blieb aus, denn das Wäldchen duckte sich nicht. Es krachte laut, und wir machten uns erneut auf die Ballsuche. Markus war bester Laune: „Da hat nicht viel gefehlt", sagte er.

Einfache Frage: Warum hat Markus den Ball nicht einfach rückwärts und risikolos zurück auf die Spielbahn gechippt? Einfache Antwort: Weil das entsetzlich langweilig ist.

Es ist ein artentypisches Verhalten. Wir Golfer versuchen ja immer wieder den ultimativen Götterschlag: Wir versuchen den Götterschlag, obwohl wir wissen, dass die Chancen nicht allzu hoch sind.

Aber wir wissen auch: Bei keinem Golfschlag sind die Chancen bei null Prozent.

Ich habe kürzlich wieder mal ein Golfbuch gelesen. Es hieß: „Every shot must have a purpose", zu Deutsch: „Jeder Schlag muss einen Zweck haben".

Das Buch hämmerte mir ein, ich solle nur jene Schläge spielen, die ich mit Sicherheit könne. Es sagte mir, ich solle mir kontrollierbare Ziele setzen und ich dürfe auf keinen Fall einen gewagten Schlag versuchen, der für mich zum Risiko werden könnte. Ich fand dieses Buchhalter-Golf entsetzlich langweilig.

Seien wir doch ehrlich: Wo im Leben können wir noch dauernd verrückte und höchst riskante Dinge tun? Am Arbeitsplatz? Im Familienleben? Bei der Steuererklärung? Beim Autofahren? Bei unseren Geldanlagen?

Nein, der einzige Spielplatz der Verrücktheiten hat sich für den modernen Menschen auf die sechzig Hektar eines Golfgeländes reduziert. Nur dort können wir noch, verzeihen Sie den Ausdruck, ein bisschen die Sau rauslassen.

Golf, wie wir alle wissen, besteht aus zwei Teilen. Der erste Teil ist das Spielen des Spiels. Der zweite Teil ist das Besprechen des Spiels.

Wir können dann ja nicht gut zum Klubhaus zurückkehren und dort triumphierend sagen: „Hört mal zu, dort beim Föhrenwäldchen hab' ich den Ball rückwärts und risikolos auf die Spielbahn zurückgeschippt."

Nein wir wollen sagen können: „Hört mal zu, dort beim Föhrenwäldchen hab' ich den Ball mit einem gekippten Eisen mit vollem Risiko aufs Grün gedreht."

Wir wollen keine faden Geschichten erzählen, wir wollen Heldengeschichten erzählen.

Heldengeschichten, ja. Stellen Sie sich einmal Herkules und Arminius und Barbarossa und Wilhelm Tell und Jeanne d'Arc vor, wie sie einen Ball mit einem zaghaften Sicherheitsschlag auf den Fairway zurück chippen. Dann ist der Heldenstatus aber stark gefährdet.

Die Lehre der Geschichte gilt für uns alle auch auf dem Golfplatz: Heldengeschichten gibt es nicht ohne Heldenmut.